일흔,
지금 이 나이도 참 좋다

일흔, 지금 이 나이도 참 좋다

웃고 배우며 나이듦을 긍정으로 채우는 삶

초 판 1쇄 2025년 09월 15일

지은이 싱싱고(이정희)
펴낸이 류종렬

펴낸곳 미다스북스
본부장 임종익
편집장 이다경, 김가영
디자인 윤가희, 임인영
책임진행 이예나, 김요섭, 안채원, 김은진

등록 2001년 3월 21일 제2001-000040호
주소 서울시 마포구 양화로 133 서교타워 711호
전화 02) 322-7802~3
팩스 02) 6007-1845
블로그 http://blog.naver.com/midasbooks
전자주소 midasbooks@hanmail.net
페이스북 https://www.facebook.com/midasbooks425
인스타그램 https://www.instagram.com/midasbooks

ISBN 979-11-7355-492-6 03810

값 19,500원

미다스북스는 다음세대에게 필요한 지혜와 교양을 생각합니다.

웃고 배우며 **나이듦을 긍정으로 채우는 삶**

일흔,
지금 이 나이도 참 좋다

싱싱고(이정희) 지음

미다스북스

그녀는 내가 닮고 싶은 사람이자 글 친구이다. 나는 그녀를 보고 두 번 놀랐다. 첫 번째는 그녀가 칠십 대라는 사실이었다. 에너지도, 외모도 칠십 대라는 사실이 믿기지 않을 만큼 젊었다. 두 번째는 열정과 배려심이었다. 4음절 글이 그냥 나온 것이 아니었다. 삶 자체가 흥이자 에너지였다. 그 밝은 에너지는 글에도 그대로 묻어난다. 칠십 대가 되어서도 늘 나를 가꾸며 에너지를 나눠 줄 수 있는 사람. 칠십 대인 '지금, 이 순간이 제일 좋다.'라고 환하게 웃을 수 있는 사람. 나도 그녀처럼 그런 사람이 되고 싶다. "무엇인가를 하기에는 내 나이가 너무 많아." "이 나이에 하긴 뭘 해." "지금 이대로 살래." 이 책을 읽다 보면 이런 마음이 점점 희미해진다. 그 자리에 어느새 '나도 칠십 대가 되면 싱싱고 그녀처럼 살고 싶어'라는 마음이 용솟음친다. '늦은 나이는 없다. 안 하려고 하는 마음만 있을 뿐이다'라는 말을 조곤조곤 들려주고 있는 이 책을 집어 든 순간, 여전히 꿈을 향해 나아가는 당신의 칠십 대가 활짝 웃으며 반겨주리라.

– 『60년생이 온다』, 『내 인생 쨍하고 해 뜰 날』 저자, 이명숙(담서제미)

저자는 '4음절 타령'으로 이름이 널리 알려졌지만, 그 전부터 나는 저자의 진가를 알고 있었다. 유머와 통찰, 삶에 대한 애정이 담긴 글은 이웃을 넘어, 마음 깊이 스며들었다. 《'일흔' 지금 이 나이도 참 좋다》 제목만으로도 삶의 철학이 전해진다. 쉼을 택해도 좋을 나이에 여전히 배우고, 쓰고, 나누는 모습은 나이 듦의 새로운 기준이 된다. 손주 육아, 봉사, 농사, 여행까지… 직접 삶을 움직이는 그 발걸음이 참 멋지다. 이 책은 연륜의 기록이 아니라, 앞으로 나아갈 이들을 위한 등불이다. 나도 이렇게 나이 들고 싶다는 마음이 절로 들었다. 많은 이들에게 그런 바람과 용기가 전해지길 응원한다.

– 당신을 존경하는 블로그 글벗, 스카이블루킴(김광옥)

저자는 "싸돌~싸돌"이라는 유쾌한 인사처럼 언제나 삶을 가볍고 즐겁게 누리는 분이다.

처음 뵌 건 온라인 모임을 통해서였지만, 그 따뜻한 미소와 활기찬 에너지는 화면 너머로도 고스란히 전해졌다. 직접 만난 이후에는 더할 나위 없이 밝고 긍정적인 분이라는 걸 알게 되었다. 올해 일흔다섯. 많은 이들이 멈추는 시기에도, 그분은 여전히 배우고, 글을 쓰고, 나누는 삶을 살고 있다. 저자를 통해 나이 든다는 것이 얼마나 멋질 수 있는지, 몸소 배울 수 있었다. 이 책은 단순한 인생 이야기 그 이상이다. 앞으로의 시간을 어떻게 살아갈 것인지, 조금 앞서가는 선배가 건네는 다정한 길 안내서다. 나도 저렇게 나이 들고 싶다는 마음이 절로 들었다. 이 책을 만나는 많은 이들에게도 그 바람과 용기가 전해지기를 진심으로 응원한다.

– 『써니얌의 캠핑일기』 저자, 써니얌(허선옥)

'아모르 파티' 저자를 생각하면 가장 먼저 떠오르는 말이다.

좋아하는 일만 좇는 것이 아니라, 지금 하는 일을 스스로 행복하게 만드는 힘. 그 능력을 지닌 분이 바로 싱싱고 님이다. 본명 '이정희'보다 블로그 닉네임 '싱싱고'가 더 친숙한 '다섯 손가락'의 맏언니. 나이는 숫자일 뿐이라는 말을 온몸으로 증명해 주는 살아있는 롤모델이기도 하다. 어느 날 문득, 캐리어 하나와 책 몇 권을 챙겨 자유롭게 떠나는 그 모습에서 진짜 삶의 용기를 배운다.

혹시라도 '이 나이에 가능할까?' '너무 늦은 건 아닐까?' 망설이고 있다면, 이 책이 당신에게 든든한 친구가 되어 줄 것이다. 블로거 싱싱고의 4음절이 담긴 첫 에세이, 그 안에는 나이 듦을 새롭게 바라보게 해주는 따뜻한 지혜가 가득하다. 이 책이 당신의 여정에 작은 빛이 되어주기를, 진심으로 응원한다.

— 블로그 글벗, 미소(박신재)

저자의 '4음절 옷타령'을 블로그에서 처음 읽었을 때, 어쩜 이렇게 내 마음을 딱 알고 있는지 놀랐다. 마치 오랜 친구 같다고 느꼈다. 그녀는 까도 까도 새로운 매력이 나오는 양파 같은 사람이다.

부모님과 비슷한 세대의 삶을 엿보며, 나이는 단지 숫자가 아니라 삶을 대하는 태도와 방식에 있다는 걸 배웠다. 그리고 어느 순간, 그녀가 내가 아는 사람 중 가장 젊은 사람이라는 확신이 들었다. 저자의 깊고 넓은 서사는 삶을 향한 사랑과 열정으로 팔딱거린다. 마치 10대처럼 생기 넘치는 이야기다.

— 『태어난 김에 어쩌다 엄마』, 『내 마음을 위한 따뜻한 쉼표』 저자, 우아써니

일흔, 지금 이 나이도 참 좋다

우리가 흔히 떠올리는 '일흔'의 모습과는 거리가 멀다. 누구를 떠올려도, 저자만큼 활기차고 당당한 사람은 드물 것이다. 이 책은 저자의 유년 시절로부터 시작한다. 그 시절의 호기심과 생기가 지금도 여전히 남아, 삶의 구석구석을 반짝이게 한다. 흔히 나이가 들면 하나둘 포기하는 일들이 생긴다. 하지만 저자를 보며 깨달았다. 그것은 나이가 아니라, 스스로 세운 한계가 만드는 결과라는 것을. 60대 글벗들은 저자를 자신들의 '일흔의 롤모델'이라 부른다.

커피 쿠폰으로 키오스크를 당당하게 이용하고, 온라인에서 능숙하게 강의하며, 운전대를 잡고 좋은 경치를 찾아 나서는 사람. 그리고 그곳에서 독서와 글쓰기를 결코 놓지 않는 사람.

이 책은 일흔을 앞둔 세대만을 위한 이야기가 아니다. 다른 세대에게도 '지금을 어떻게 살아야 하는지'에 대한 분명한 이유를 건넨다. 당신이 지금 어느 나이에 서 있든, 이 책은 분명 앞으로의 시간을 더 단단하고 빛나게 해줄 것이다.

– 『마흔에 깨달은 인생의 후반전』 저자, 더블와이파파

글이 꽃피운 하루,
오늘도 나를 웃게 한다

글, 타령처럼 흐르다.

나의 글쓰기는 어디서 시작됐을까. 기억을 거슬러 숲길을 올라가 보니, 옹달샘처럼 퐁퐁 솟아나는 기록들이 있었다. 어린 시절 용돈 기록장에서 시작해, 50년 넘게 써온 가계부. 그 모든 것이 내 손으로 써온 일상이고, 습관이자 삶이었다. 나는 매일 썼다. 꼭 글이라 이름 붙이지 않아도, 나는 늘 기록하고 있었다.

그렇게 써오던 손끝이 이제는 블로그라는 놀이터에서, '타령'이라는 나만의 리듬을 타고 살아났다. 특히 작년 9월, '옷 타령' 한 편으로 이웃들의 폭발적인 호응을 얻으며 글 쓰는 재미, 소통의 즐거움을 다시금 느꼈다.

"책을 내보세요!" 그 말들이 하나둘 모여, 마침내 이 에세이가 탄생하게 되었다. 그저 재미로 시작한 나의 타령 글. 읽는 이가 피식 웃고, 공감하며 마음을 놓을 수 있다면 그걸로 족하다. 이 책에는 그런 순간들을, 사계절을, 내 일상을 줄줄이 엮어 작은 이야기보따리로 담았다.

어느새 9월, 사계절 중 가장 감성적인 계절, 가을의 문턱에 섰다. 덥지도 춥지도 않은 이 간절기, 옷장을 열었다 닫았다가, 또 열고, 다시 닫고. 입을 옷이 없진 않은데, 왜 이렇게 망설여질까?

사실 이런 '옷 타령'은 올해만의 일은 아니다. 그때도 그랬고, 지금도 그렇고, 아마 내년에도 반복될 이야기다. 그래서 그날, 블로그에 올렸던 나의 '타령 글'이 다시 생각났다. 나만의 방식으로 리듬을 넣어 썼던 글, 읽는 블로그 이웃들이 박장대소하며 응원해 주었던 그 글. 그저 일상의 소소한 풍경이었을 뿐인데, 이 글 하나에 많은 글벗들의 공감과 웃음에, 내 글이 누군가의 일상에도 스며들고 있다는 것이 신기했다.

그게 얼마나 기쁘고 기분을 흥겹게 만드는지 함께 얼싸 얼싸 하고 싶은 옷 타령 한번 들어보소.

1절 전기세 타령

몇 년만의 폭염이라 집집마다 전기세가
수십만원 나왔다네. 더위먹고 죽을까봐
주야장천 틀고보니 내집너집 할것없이
관리비가 배로껑충. 그래그래, 어쩌겠노
이번여름 고생했네. 다른데서 아껴쓰자.

2절 몸매 타령

여름가고 가을오니 이제슬슬 단풍놀이.
작년입던 그옷들이 어째이리 작아졌노
먹은것이 없는데도 내허리엔 고무튜브.
우야겠노, 이제부터 저녁굶고 걷기운동.
내기필코 이번가을 멋진몸매 만들어서
옷빨받게 입고나가 단풍놀이 하러가세.

3절 유행 타령

옷장문을 열고보니 이옷저옷 색깔들이
어째이리 촌스럽노 작년에도 최신유행
카드할부 끊어놓고 여기저기 뽐내면서
옷자락을 휘날리며 옷이날개 자랑했네.

4절 지름신 타령

한계절을 보내놓고 또한계절 맞이하니
TV틀기 겁이나네. 채널건너 뛸때마다
이옷이면 간절기에 딱좋다는 쇼호스트
매진임박 독촉멘트 내손에는 카드장착
지름신이 강림하사 내일이면 현관앞에
로켓배송 문자확인 우리나라 좋은나라
배달민족 택배천국

5절 공주님 타령

남편몰래 얼른챙겨 포장뜯고 입고나서
샤방샤방 빙그르르 거울속의 공주님이
셀위댄스 환청인가 상상속의 왕자님과
손잡고서 돌고나니 온세상이 내 세상인
옷한벌에 행복가득

6절 남편님들께 바치는 타령

이세상의 남편님들 이쁜아내 사랑하믄
옷장문도 열지말고 카드알람 확인말고
오늘저녁 밥상머리 눈이번쩍 뜨여지면
칭찬일색 한마디로 용기주고 격려하소.

올여름에 고생했소. 삼시세끼 간식까지
가족위해 불앞에서 땀흘리며 보낸시간
내어찌다 모르겠소 진수성찬 받고보니
감사하오 사랑하오. 요런멘트 날리시면
다음계절 올때까지 신수편안 가정평화
안보여도 비디올세.

그래서 나는, 타령처럼 흘러간 삶의 조각들을 하나하나 엮어보려 한다. 어린 날의 작고 맑던 나를 다시 불러내어, 그 아이를 품어주던 엄마 아빠의 따스한 눈빛과 언제나 그 자리에 있던 풍경들을 천천히 더듬어본다.

지금의 나를 이룬 모든 시간과 아직 만나지 못한 내일의 나를 가만히, 마음으로 그려본다.

6장 계절의 아름다움을 느끼기
사계절은 인생의 얼굴이다

7장 지금 이 나이를 즐기기
이 나이에 웃을 수 있다면, 그게 행복이다

1장

서툴렀던 시절을
잊지 않기

그때의 서투름이 나를 키웠다

"젊음을 과소평가할 때
나이는 어리석고 부주의한 것이 되고 만다."

- 조앤 K. 롤링

1

아고망댕이 유년기

내가 태어난 곳을 안태고향[1]이라고 했던가. 경북 김천시 대신면이다. 옛날 사진을 보면 내 모습은 머리도 옷도 모두 남장을 한 채로 찍혀있다. 6.25 한국 전쟁 때, 어머니가 나를 등에 업고 언니 손을 잡고 피난 가셨다는 이야기를 자주 들었다. 흑백사진들 속의 젊은 부모님과 언니와 나, 그 사진 속의 나는 늘 남자아이의 모습이었다. '얼마나 아들을 원했으면….' 아버지가 장남이기에 더 그랬을 것, 이해가 된다. 그렇게 바라던 집안의 대를 이을 남동생이 태어났다. 덩달아 나도 칭찬받는 아이가 되었다. 터를 잘 팔았단다. 바로 밑에 남자 동생을 보도록 엄마의 자궁을 잘 팔았다는 어른들의 말.

초등학교 선생님이셨던 아버지가 전근으로 옮긴 곳, 시골 면 소재지의 초등학교에서 나의 어린 시절의 기억이다. 학교 사택이 부족해 집을 구하지 못했다, 임시로 학교 숙직실 건물로 방. 현관. 방. 창고. 일자형으로 지어진 건물 가장자리에 덧붙인 갓방에 살림을 풀고, 부엌은 임시지붕인 가추를 달아 만든 곳에서 지냈다. 바로 학교 운동장이 우리 집 앞마당이

---

1 실제로 자기가 태어나서 자라난 곳을 일컫는 경상북도 영일 지방의 방언.

나 마찬가지니, 아이들이 없을 땐 그네와 온갖 놀이 기구들이 내 차지가 되었다. 숙직실에서 숙직하시는 선생님들과 그 건물 갓방에서 사는 아버지는 종종 숙직실에서 술자리를 가지셨다. 신발 안 신고도 건너올 수 있으니까. 술판이 벌어져 시끌시끌, 하하하. 큰 웃음소리가 났다. 이때부터 당돌함이 어디서 나왔는지, 방 안이 궁금했던 나는 빼꼼히 문을 열고는 말했다. *"아버지 10원만."* 어린 맘에도 어른들 계시는 방문을 함부로 열면 안 된다는 나름의 예의를 지킨 것이었다.

그것으로 끝났냐 하면 아니다. 매일 그런 상황이 벌어지니 나도 매일 궁금했다. 문을 빼꼼히 열면 내가 말하기도 전에 *"10원짜리 왔나."* 하는 소리. 그중 한 분 선생님이 10원짜리 동전을 주시고 얼른 문을 닫으신다. 지금 생각해도 호기심 딱지다. 그렇다고 내가 여기서 멈추면 얘기가 재미없다. 술자리가 끝나고 숙직 선생님이 학교 한 바퀴 순시할 틈에 숙직실로 들어가 남은 안주와 함께 술잔에 남은 막걸리를 홀짝홀짝. 캬~ 시큼 달짝지근 마른안주 오징어 다리 끝부분도 왜 그리 맛있던지. 생쥐가 풀 방구리 드나들듯이[2] 이런 날이 연속된 어느 날에는 나도 취해 잠들었다. *"정희가 왜 여서 자노?"* 뒷정리를 하러 오신 선생님이 나를 번쩍 안고 우리 방에 데려다주셨다.

엄마로부터 아고망대이[3]가 세다는 말을 들었다. 하고 싶거나 갖고 싶은 것 있으면 끝까지 울고불고 고집 피워 쟁취했던 기억. 그게 나의 존재

---

2 풀 담아 놓은 그릇에 쥐가 부지런히 드나든다는 뜻으로, 매우 자주 드나드는 모양을 비유적으로 이르는 말.
3 아집. 고집의 경상도 사투리.

일흔, 지금 이 나이도 참 좋다

를 인식시키는 본능이었을까 언니는 첫딸 장녀이고, 동생은 첫아들 장남이다. 나는 그것도 저것도 아닌 낀 존재다. 그 시대엔 집안 살림이 넉넉할 수 없는 상황. 미국의 원조를 받아 탈지분유를 주전자에 끓여 급식으로 한 잔씩 마시던 시절. 누렇게 뜬 얼굴에 마른버짐이 꽃을 피운 아이들…. 굶주림의 아픈 장면을 TV에서만 본 게 아니다. 이런 사정도 모르고 나는 졸랐다. 새 신발 사달라고, 새 옷 사달라고 졸랐다. 어느 날 교회에서 만난 파마머리를 한 여자아이가 부러워 집에 와서 파마해 달라고 또 졸랐다. 내 조르기에 엄마도 지쳤는지 불 파마를 해 주신 7살 때쯤 기억이 생생하다. 더운 여름에도 머리를 돌돌 감고 달군 숯을 넣은 집게로 꼭 집었다. 뜨끈뜨끈, 후끈후끈 잘못하면 데니까 움직이지 말라는 어른들의 엄포에 나는 꼼짝하지 않았다. 이마에 송골송골 땀이 맺히고 목덜미에 주르륵 땀방울이 내려와도 참았다.

와, 그 어린 나이에 불 파마를 견디며 예뻐지려는 욕구가 어디서 나왔을까. 예쁜 아이와 경쟁을 하고 싶었나, 질투였을까, 아니면 고통을 이겨 낸 성취감이었을까? 그때 파마한 기념으로 우리 남매들과 교장 선생님의 딸과 함께 찍은 사진이 기억난다. 뽀글뽀글 파마한 나. 얼굴에 뽐냄이 가득한 표정이었다. 어린 시절의 사진이 제법 있어 추억하기가 수월했다. 친정의 앨범을 정리하면서 형제들과 추억을 나누며 몇 장 빼왔다. 그때의 기억이 눈을 감아도 눈앞에 펼쳐진다.

1952년 아버지께 안겨 있는 나(2세)

"작은 욕망 하나가 내 인생의 첫 용기가 되었다."

- 싱싱고 단상

일흔, 지금 이 나이도 참 좋다

2

논두렁을 걸으며, 나도 자랐다

　학교 행사 중 학예회가 단연 떠오른다. 학년을 마치며 졸업식을 앞두고 하는 마지막 큰 행사로, 학년별로 연극, 춤, 합창, 독창, 악기 연주 등, 그야말로 종합예술제 수준이다. 아이들의 재능을 맘껏 펼치도록, 모든 선생님의 노고와 학부모님들의 후원이 담긴 행사다. 이 행사에 정식 학생도 아닌 7세인 내가 무대 위에 섰다. 지금 말하자면 행사 직전 분위기를 띄우는 역할로, 커튼 앞에서 율동을 하는 것이다.

> 서산 넘어 해님이 숨바꼭질할 때에
> 수풀 속에 새집에는 촛불 하나 켜놨죠
> 아니아니 아니야 켜놓은 촛불 아니라
> 저녁 먹고 놀러 나온 아기 별님이지요.
>
> **〈별 삼 형제〉, 윤태웅 작시, 김성도 작곡, 1934**

그땐 교실이 모자랐다. 교실 세 개가 임시 벽으로 되어있었다. 학교의 큰 행사인 졸업식이 있을 때처럼 임시 벽을 떼어내고, 책상을 두 개 쌓아 단을 높였다. 극장처럼 커튼을 달고 무대를 장식했다. 작은 시골 마을에 초등학교가 유일한 배움터였다. 자녀들의 학교생활과 재능을 엿볼 수 있는 학예회는 온 학부모들의 큰 관심을 받는 행사였다. 다음 해 정식으로 초등학교에 입학했다. 1학년 1반 담임선생님의 이름이 지금도 기억난다. 1학년 3월 한 달은 학교 운동장에서 줄서기, 앞으로나란히 등 기초질서 운동과 율동을 배웠다. 친구들과 어울려 자율학습으로 기초적인 학교생활을 익히는 기간이라 교실은 구경도 못 했다. 한 달이 지나도 교실이 부족했던지 인근 중학교의 빈 교실로 가게 되었다. 책상도 없이 가마때기로 돗자리처럼 펴놓고 엎드려서 공부했다. 숫자 12345와 한글 기역, 니은, 디귿…, '가나다라'를 배우고, '바둑아 이리 와, 나하고 놀자' 책을 읽으며 몇 개월을 보냈다.

비 오는 날이 제일 학교 가기 싫은 날이다. 눅눅한 가마때기 냄새가 싫었다. 지금 생각하니 아마 장마철인 모양이었다. 또 맹랑한 꾀가 발동. 책보자기에 책을 싸서 허리에 매고 학교 가는 척하고 조금 걸어가다가 샛길로 빠졌다. 질퍽거리는 논두렁길을 걸으며 졸졸 흐르는 수로의 물속에 사는 피라미, 버들붕어, 미꾸라지…, 온갖 물고기들을 구경했다. 풀이며 들꽃도 보며 헤매다 보니 어느새 하교 시간인 듯 멀리서 아이들이 나오는 모습이 보였다. 나도 얼른 아이들 무리에 껴 학교 다녀온 척을 했다. 자연 공해가 없는 시절이다. 그런데 양심에 찔려 바로 집에 못 들어가고 숙직실 방에 숨었다. 바로 맞은편 문만 열면 우리 집이었지만, 숙직실에는 낮에 아무도 없었으니 숨기엔 제격이었다. 비도 오고 운동장에서 놀 수도 없으니 말이다.

깜빡 졸았는지 밖에서 시끌시끌 소리가 난다. *"정희가 안 보이네. 어디서 놀고 있나?"* 그 소리에 내가 놀라 도리어 밖에 나갈 수가 없어 몸을 움츠렸다. 그땐 전화도 없고…. 소사[4]가 숙직실 문을 열며 *"정희 여깄네요!"* 라는 말에 차라리 들킨 게 잘 됐다 생각하고 고개를 푹 숙이고 나갔다. 난생처음 종아리를 맞은 기억이 있다. 그 어린아이 마음에도 양심이 있어 잘잘못을 구별하니 '잘못하면 맞는구나.' '부모를 속이면 안 된다.'라는 것을 생각했다. '올바른 어린이가 되자'라는 급훈도 떠올랐다. 그 이후로 맞은 기억은 없지만 아고망댕이 짓으로 부모님 속을 태웠다. 밀가루 칼국수를 못 먹는 나에게 새하얀 쌀밥을 냄비에 따로 해주신 우리 부모님.

초등 2학년부터는 엄마 따라 다른 학교로 전학했다. 다음으로 이어지는 이야기다.

> "논두렁 위 발자국마다 배움과 용기가 쌓인 유년의 모험."　　－싱싱고 단상

4　학교의 자질구레한 일을 맡아 하는 직원. 사환이라고도 함.

3
보따리 속 인생 이야기

2학년이 될 즈음 봄방학을 마치자 엄마와 나 둘이서 다른 군 소재지의 더 작은 초등학교로 엄마는 복직, 나는 엄마를 따라 전학을 했다. 본의 아니게 어린 나이에 이산가족의 슬픔을 맛보았다.

여기서 잠시 부모님을 소개하자면 아버지는 부유한 집안의 장손으로 일제강점기 시절 일본에서 중학교를 졸업하고 동경미술학교를 몰래 다니셨다, 부모가 원하는 학교에 안 갔다고, 환쟁이는 안 된다고 하시면서 할아버지는 아버지를 강제 귀국시키셨다고 하셨다.

우리 할아버지께서도 지방의 유지로 많은 토지와 양조장을 운영하면서 초등학교 교장으로 계셨다. 동네 사람들이 나를 말할 땐 *"이 교장 손녀"* 또는 *"도갓집 손녀"*라고 불렀다.

우리 어머니 역시 그 시대 경북여고를 졸업. 초등 교사로 근무할 때 할아버지께서 눈여겨보시고, 옆 동네 사시는 외할아버지께 매파를 보내 아버지와 혼인을 맺게 되었다고 엄마가 얘기해 주셨다. 우리 부모님께서는 소띠 동갑으로 22세 결혼, 지금 살아계신다면 딱 100세이시다. 30여 년 전 두 분 다 69세에 같은 해 4개월 차이로 돌아가셨다. 엄마가 돌아가신

날, 나는 당돌한 질문을 아버지께 했다. *"아부지, 오늘 엄마랑 마지막 밤인데, 첫날밤은 어땠어요?"* 슬픔을 상쇄시키는 분위기로 아버지는 그때 그 시절로 돌아가신 듯, 회상에 젖은 표정을 지으시며, 엄마와 아버지의 첫날밤 풍경을 재미나게 설명하셨다. 슬픈 가운데서도 웃음을 자아냈다. 이것이 아버지께 들은 마지막 이야기가 되다니….

엄마는 그때 '부잣집으로 시집가면 굶어 죽을 일은 없겠다'라는 생각으로 아버지와 결혼했다고 하셨다. 공부 잘하고 귀엽게만 자란 막내딸인 우리 엄마는 일을 잘할 줄 몰라 얼마나 고생했는지 모른다고 하셨다. 부잣집이라고 해서 다 좋은 것은 아니라는 말을 잠결에 들려주셨다. 그런 엄마가 맏며느리가 되어 집안에 상주하는 식구들과 일꾼들, 스무여 명의 식사 준비에 콩죽 땀을 매일 흘렸다고 하셨다. 엄마의 일생에서 가장 큰 시집살이였는지, 그때 이야기를 들을 때마다 내 맘속에는 '불쌍한 우리 엄마' 그러면서 한편 나는 절대로 맏며느리는 되지 말자고 다짐 아닌 다짐을 했다. 결혼과 동시에 사표를 내고 언니를 낳고 얼마 후 아버지가 김천시 대신면으로 발령받아 갔을 때 내가 거기서 태어났다.

시집살이 삼 년이 가장 크게 잊지 못할 앙금으로 남았던 것 같다. 그랬던 엄마가 10여 년 만에 교직 생활을 다시 하니 얼마나 좋았을까. 마치 어깨에 날개를 단 듯, 그 답답한 상황에서 벗어나셨다. 엄마와 나 둘이서 작은 방 하나에 문도 없는 부엌이 딸린 시골집에서 오붓하게 지냈다. 전학 간 첫날 엄마는 선생님이라 교무실로 가시고 나는 운동장에서 아이들의 구경거리가 되었다. 아이들이 빙 둘러서서 뭐라고 떠드는 소리에 울지는 않았지만, 정말 무서웠다. 눈을 마주치기 싫어 고개를 숙이면, 자기네들끼리 뭐라고 지껄이는 소리가 무슨 소리인지 귀에 하나도 안 들렸다.

개학식을 마치고 교실로 가서야 내 소속감에 조금 맘이 놓였다. 그렇게 전학 간 학교에서 유일한 여선생님이신 우리 엄마를 독차지할 기회를 얻었다. 그런데 이상한 일이 벌어졌다. 어느 날 아버지가 오셔서 하룻밤만 주무시고 가셨는데 점점 엄마 배가 불뚝해진다. 나는 우리 엄마가 자꾸 못나 보여 동네 창피한 느낌이 들었다. 그해 추석을 며칠 앞두고 큰 태풍이 불어 길도 끊어지고, 집도 떠내려갔다. 소, 돼지 등 가축들과 집안 살림들이 누런 황토 물에 다 떠내려가게 한, 역사에 남은 사라호 태풍이 지나갔다. 1959년이다.

어쩔 수 없이 고향에도 못 가고 있는데 큰 외숙모님이 큰 보따리를 이고 오셨다. 큰 보따리에 내복과 속옷, 양말 등 주로 피복들을 넣어 오셔서 시골 동네로 팔러 가셨다. 우리 큰 외숙모님은 방직공업이 발달한 대구에 계셨기에 물건을 싸게 구입해 시골로 다니시며 물건을 파셨고, 물건이 다 팔리면 다시 대구로 돌아가셨다. 방물장수들이 머리에 물건을 이고 이 마을 저 마을 다니면서 팔러 다녔다. 시골 아주머니들이 농사지은 온갖 푸성귀, 채소, 산나물, 머루, 다래 등을 팔러 오면 우리 엄마는 다 사주었다. 아예 떨이까지 사시며 머리 아프게 이고 왔다고 에누리도 안 하셨다. 계절별로 나오는 온갖 농업, 임업 농산물이 우리 집에서 광주리를 비울 때가 많았다.

이야기가 길어진 이유는 가을 끝자락쯤 큰 외숙모가 또 큰 보따리를 이고 오셨는데 이번엔 피복들이 아니고, 미역과 온갖 먹을거리에 하얀 천을 가지고 오셨다. 큰 외숙모가 계실 땐 음식 준비를 모두 큰 외숙모가 다 하셨다. 반찬이 다양하고 엄마가 만든 것보다 더 맛있었다. 캄캄한 밤 중 엄마의 신음 소리에 눈을 떴다. 그땐 전기도 없어 남포등[5]을 켜놓았다. 희미한 불빛에 엄마가 출산을 금방 했는지 외숙모가 부엌을 들랑날 랑 따뜻한 물을 한 대야 들고 들어오시며 *"정희야, 엄마 얼라 낳았다."*고 했다. *"정말?"* 나는 눈을 비비고 아기 쪽으로 가봤다. 지금 생각에 아직 탯줄도 안 끊은 이상한 동물에 징그러워했던 기억이 난다. 외숙모가 바 쁘게 아기를 닦고 하얀 천으로 돌돌 싸서 엄마 옆에 뉘었을 때 다시 찬찬 히 봤다. 아까보단 덜했지만 못나긴 매 마찬가지다. 신생아를 처음 본 아 홉 살짜리 언니가 됐다. 그곳에서 엄마, 나, 여동생과 아기 보는 이웃 동 네 언니. 네 식구가 2년 동안 살았다. 그런데 무슨 일인지 몰라도 엄마가 사표를 내고 고향 시댁으로 다시 돌아왔다. 어린 동생을 돌봐주던 언니 와 헤어질 때 완전 통곡의 울음바다를 만들었다. 엄마도 얼마나 울었는 지 퉁퉁 부은 얼굴로 이삿짐 실은 도락구, 즉 트럭 운전석 옆에 앉은 나 와 동생을 안은 채 꼭 끼어 타고 왔던 그날의 모습이 기억난다.

할아버지 댁으로 돌아와 1년을 더 학교에 다니고 나서야, 봄방학 때 가 까운 이웃 면 소재지 초등학교에 근무하는 아버지와 함께 우리 가족은 완 전체가 되었다. 다시 전학을 와서 5학년. 그것도 개학하는 날 일찍 마치 고 집에 오니 '이게 또 무슨 일?' 우리 엄마가 아들을 낳았단다. 평소 엄마 의 배가 좀 부르긴 했어도 아기가 있는 배인 줄 몰랐다. 그나저나 아들이 라는 게 또 너무 좋아서 정말인지 신생아의 기저귀를 살짝 들춰봤다.

---

5 석유를 넣은 그릇의 심지에 불을 붙이고 유리로 만든 등피를 끼운 등.

그때 엄마 나이 37세, 우리 오 남매로 마무리되었다.

나의 10대 중학 시절은 다음 편으로 이어진다.

"생명의 탄생과 성장은 인생 출발점이다."   - 싱싱고 단상

일흔, 지금 이 나이도 참 좋다

4
손끝으로 익힌 가족의 온기

엄마가 둘째 아들을 낳으니 우리 집안에 경사 났다고 할머니께서 쌀과 미역 온갖 잡곡을 일꾼을 시켜 보내주셨다. 근데 정작 산후조리를 도와줄 그 누구도 없어서 아버지가 미역국 끓이시고 설거지는 언니가 하고, 나는 기저귀 빠는 역할을 했다. 요즘처럼 종이 기저귀나 세탁기는 상상도 못 했고 그 흔한 고무장갑도 없었다. 새벽에 일어나면 아버지, 언니, 나, 이렇게 세 명이 주어진 역할대로 일을 착착 진행했다.

밤새 나온 아기 기저귀를 대야에 담아 앞 도랑인 농업용 수로에 가서 기저귀를 빨았다. 3월이지만 얼음물에 담근 만큼 손이 시려 호호 불어가며 빨았다. 남자 아기 동생의 기저귀를 빨아 집에 오면 엄마가 *"아이고 우리 정희 손 시럽제, 어서 요 밑에 손 넣어라."*라고 요 이불을 들춰주셨다. 빨갛게 언 손을 뜨끈한 아랫목 요 밑에 손을 넣는 순간 손이 우리~하게[6] 더 아픈 거다.

아픈 손을 얼른 빼내고는 엉엉 울었다. 언 손을 갑자기 뜨거운 곳에 넣

---

6 신체 일부가 몹시 아리고 욱신욱신한 느낌이 있다. 경상 지방의 방언이다.

으면 손이 아프다는 것을 그때 경험했다. 그 이후 빨래하러 갈 땐 뜨거운 물 한 바가지도 준비해 가니 손이 시릴 때마다 녹여가며 빨았다. 차가운 물에 얼어붙는 손 시림은 사라졌지만, 그 시절 가족의 무게는 지금도 내 삶을 지탱하는 온기다. 하교 후 아기 한번 보면 너무나 예쁘고 사랑스러웠다. 아들이 뭐라고 우리 집의 보물이 하나 생긴 듯 모두 애지중지했다.

바로 밑에 남동생도 있지만, 조금 철들어서 본 아기라 모두 같은 마음이었다. 세 살짜리 여동생은 완전 내 차지였다. 업고 놀고 인형처럼 꾸며주고 나의 인형 놀이 대상이었다.

초등학교 시절의 나는 학교 행사에 안 뽑힌 적이 없었다. 합창, 연극, 무용. 그중에서도 가장 기억에 남는 것은 교내 사생대회에서 내 그림이 특선에 뽑혔다. 그림 밑에 딱 붙여놓은 황금빛 나는 금색 리본이 뿌듯하고 자랑스럽게 느껴졌다. 그날 우리 아버지가 그림을 분석해, 보리밭의 보리 수염들을 살짝 노릇하게 색칠했더니 멀리서 보면 황금물결이 일렁이는 듯했다고 칭찬해 주셨다.

그렇게 초등학교를 졸업했다. 그때는 중학교도 입학시험이 있어 합격해야만 갈 수 있었다. 그래서 6학년 2학기 마지막쯤엔 요즘의 야간자율학습처럼 아이들이 모두 전깃불 켜놓은 교실에서 공부했다. 그때부터 과외도 성행하고 극성 엄마들이 자녀들의 교육에 지대한 관심을 보였다.

우리 아버지도 6학년 담임으로, 아버지 반의 아이들 모두를 합격시켜야만 하는 막중한 책임에 어깨가 무거우셨는지, 밤중에 우리 집 옆방에서 학생 과외를 시켜주셨다. 또 어느 학교 어느 반에서 중학교 입학시험에 톱을 끊느냐로 선생님들 간의 경쟁도 치열했다.

일흔, 지금 이 나이도 참 좋다

딸은 안중에도 없었다. 아니 그 딸 역시 공부보다 동생들과 소꿉놀이, 숨바꼭질 놀이로 지친 탓에 초저녁부터 잠에 빠졌다. '습관은 못 고친다.' 라는 말이 있듯이 이 나이에도 머리만 대면 장소 불문 5초 안에 잠든다. 시차 적응도 잘하는 것이 어릴 때부터 체득된 내 몸의 기억이다.

> "진짜 사랑은 손끝에서 시작된다. 말보다 따뜻한 손길이 마음을 먼저 움직인다."
>
> -싱싱고 단상

5

휴학, 가족을 위한 멈춤

중학교에 입학했다.

비록 작은 시골 마을의 면 소재지였지만, 남자 중·고등학교와 여자 중·고등학교가 따로 있었기에, 언니는 고등학교 1학년, 나는 중학교 1학년으로 같은 교정에서 함께 공부할 수 있었다. 많은 아이가 수십 리를 걸어서 오거나 자전거를 타고 오니, 등교 시간이면 학교 앞길이 복잡했다. 그때는 어깨에 메는 가방이 아니라 손에 들고 다니는 가방이었다. 책이 무거워 한쪽 어깨가 내려가 자세가 기울었지만, 양손에 번갈아들고 먼 길을 그것도 주 6일 내내 걸었다. 그래도 중·고등학생이 된 자긍심 덕분에 무거운 가방도 거뜬히 들고 다닐 수 있었다,

입학 후 한 달쯤 되었을 때 우리 집안에 위기가 감돌았다. 고향의 초등학교 교장으로 재직 중이시던 할아버지께서 병원에 입원하셨다. 어머니가 식사 준비를 하시면, 나도 음식 가방을 들고 아버지를 따라 병문안을 다녀왔다.

그때 본 할아버지가 나에겐 마지막 모습이 되었다. 어느 날 엄마가 또

일흔, 지금 이 나이도 참 좋다

복직 시험에 합격했다고 입원한 할아버지께 허락을 받으러 병원으로 가셨다. 할아버지는 상황이 별로 안 좋지만, 허락을 해주시며 엄마를 밀어주셨다. 그러나 그때부터 다른 고민이 생겼다. 어머니는 어린 우리를 떼어놓고 출근을 할 수 없으셨다. 그렇다고 아기 보는 사람 구하기도 어렵고 엄마가 가려는 학교는 집에서 먼 곳이었기에 아무도 선뜻 나서지 않았다.

결국, 또 내가 엄마를 따라가기로 했다. 중학교 1년 휴학하자고. 휴학이라는 용어도 처음 들었다. 엄마가 또 나에게 물었다 *"정희야, 니 엄마 따라 일 년만 동생 데리고 같이 갈래?"* 나도 곰곰이 생각했다. 언니, 나, 동생에 거기다 막내 고모도 언니랑 같은 나이라, 같은 해 입학과 졸업을 하게 되었다. 등록금이 한꺼번에 들어가 가정경제에 부담이 된다는 설명을 듣고, 아고망댕이인 내가 고개를 끄덕였다. 그때도 마음속엔 아무런 저항감이 없고 새로운 환경에 더 호기심 폭발이었다. 일 년 휴학하고 엄마를 따라 6세, 3세 동생 둘과 함께 하루 종일 버스 타고 가야 하는 경북 동해안 제일 끝으로 갔다. 엄마가 초등학교 발령받은 곳으로 이사를 하며 다시 이산가족이 되었다. 그해 나는 휴학이라는 멈춤 속에서 가족을 배웠다.

> "멈춤은 물러섬이 아니라, 사랑을 위한 더 큰 걸음을 준비하는 과정이다."
> - 싱싱고 단상

6
바다에서 배운 용기

휴학을 하고 엄마, 나, 동생 둘과 들고 갈 수 있는 이삿짐 보따리를 버스에 싣고 세 번을 갈아타야 겨우 닿는 곳, 엄마의 근무지에는 어둑해서야 도착했다. 미리 구해 놓은 집의 방 한 칸이 긴 여정을 마무리하는 안식처였다.

자가용이나 택배가 없는 시절 피난 가듯 어린 동생들과 함께 이동하면서, 짐이라고는 양은 밥솥에 숟가락, 밥그릇, 이불 보따리, 옷 가방이 전부였다. 학교에 여선생님이 오신다고 근처에 사시는 선생님들과 학교 아저씨가 리어카에 이삿짐을 실어주셨다.

날이 밝고 아침을 준비해 준 엄마는 출근하시고, 그때부터 나는 동생 둘과 종일 놀았다.

동네 탐색시간. 골목을 나와서 바닷가로 나갔다. 책 속 사진에서만 봤던 바다가 내 눈 앞에 펼쳐지면서 난생처음 바다를 구경할 수 있었다. 수평선이라는 말만 들었던 하늘과 바다가 맞닿은 선을 직접 봤다.

모래밭을 걸을 때면 찰싹이는 작은 파도에도 살짝 겁이 났다. 물에 빠질까 내심 두려워 동생들 손을 꼭 잡아당겼다. 그렇게 매일 바다로 놀러

일흔, 지금 이 나이도 참 좋다

갔다. 모래밭의 예쁜 조개껍데기도 줍고 이상한 벌레들을 보고는 깜짝 놀라 발이 저절로 움츠러들기도 했다. 파도에 밀려 나온 해초들을 구경하다 보니 하루가 짧았다. 그럭저럭 봄이 지나고 여름이 왔다.

친구가 된 동네 초등 6학년들이 학교를 마치면 모두 마당 큰 친구 집에서 구슬치기, 딱지치기, 줄넘기, 숨바꼭질, 깡통 차기 등 남녀 구분 없이 어울려 노는 이곳 동네에 곧바로 적응했다. 날씨가 더우면 당연히 바다로 풍덩 하는데, 나는 수영을 못하니, 동생들과 바위 사이 물웅덩이에 발을 담갔다. 파도가 올 때마다 웅덩이에 물이 더 많이 고이는 것이 좋았다.

"와! 신난다. 여름방학이다." 학교를 안 다녀도 방학은 신난다. 엄마가 방학이면 동생 보기는 끝이기 때문이다. 동네 친구들과 바다로 가서 파도 놀이를 했다. 높은 파도 속으로 들어갔다가 수면 위로 솟아오르는 놀이로 처음엔 무서웠지만, 자꾸 할수록 더 높은 파도를 기다렸다. 이젠 수영도 할 수 있고 자맥질[7] 하여 바닷속 바위에 붙어있는 고동도 떼어 잡으며 시간을 보냈다. 바다에서 보낸 시간과 바다에서 익힌 파도타기 기술이 나중에 힘을 발휘했다. 내가 다니던 교육대학의 수영 대회서 은상을 받은 순간이었다.

여름방학이면 아버지, 언니, 남동생 모두 여름 별장에 놀러 오듯 우리 가족 7명이 한 식구로 모였다. 한 달 동안의 꿈같은 시간이 지나면 또 이산가족 이별의 슬픔으로 온 가족이 눈물바다를 이룬다. 아버지 따라가는

---

7 물속에서 팔다리를 놀리며 떴다 잠겼다 하는 짓.

언니와 남동생. 엄마와 여기서 머무는 나와 동생들. 그때의 감정들은 지금도 생생하다. 어린 나이에 이별의 슬픔을 맛본 나지만 지금도 떠남의 순간은 여전히 가슴 먹먹하게 한다.

"용기란 두려움 속에서도 앞으로 나아가는 힘이다."   - 넬슨 만델라

일흔, 지금 이 나이도 참 좋다

7

별빛 아래 머문 아이

1963년 초등 가을 운동회. 맨 앞 좌측 끝에서 고전무용하는 나(13세)

가을이 되고 가을 운동회가 열리기 전 엄마가 나에게 부탁을 했다. 6학년 여자들 고전무용을 하는데 *"네가 좀 가르쳐 줄래?"*라고 말씀하셨다.

작년 6학년 때 배운 것 그대로 하면 된다고 하셨다. 운동회의 꽃은 4~6학년의 매스게임[8]이었고, 하이라이트는 단연 청백 계주였다.

6학년 여자애들 6명이 우리 집에 왔다. 내가 차례로 가르쳐 보내면 그 아이들이 학교에 가서 다른 친구들을 가르쳤다. 여교사가 귀한 그 시절 작은 학교엔 1명 정도 계셨기에 2~3학년 무용은 엄마가 가르쳤다.

---

8 많은 사람이 맨손이나 기구를 이용하여 집단으로 행하는 체조 및 율동.

운동회는 어린 시절의 큰 축제였고, 몸으로 익혔던 체험학습이라 추억 소환이 어렵지 않았다. 운동회가 끝나고 나면 신나는 가을 소풍도 다녀온다. 그리고 풍성한 가을 추수가 끝나고 나면, 이제 슬슬 학교 밖 행사인 크리스마스가 기다리고 있다. 크리스마스 공연에 친구들은 나를 추천해 주었다. 평소 교회를 안 다녀도 크리스마스 즈음이면 교회에 아이들이 들끓었던 이유가 사탕과 선물 때문인 것은 비밀이 아니다.

크리스마스 공연은 7살 때 이력이 있기에 두렵지 않았다. 매일 저녁 교회에서 아이들을 모아놓고 크리스마스 캐럴을 부르며 율동 연습을 하던 어느 날, 교회 행사를 마치고 밖으로 나오는데 교회 건물 밖 구석진 곳에 거적때기를 둘둘 감고 웅크려 있는 사람이 있어 구경꾼들이 모여들었다. 웅성웅성. *"얼굴 봐라. 이상하다."* *"와! 괴물이다."* 모두 경악을 하며 외친다. 나도 호기심에 좀 더 자세히 보려고 앞으로 나가서 보니 입이 살짝 돌아간 아이가 있었다. 거지들은 원래 굴다리 밑에서 잔다는 어른들의 얘기에 그냥 그런 줄 알았다. 집에 와서 엄마에게 봤던 얘기를 했다. 엄마가 무슨 생각이었는지 나하고 같이 가보자고 했다. *"왜?"* *"가서 없으면 그냥 오고. 이 추운데 밖에서 잔다니 얼마나 춥겠노."* 엄마랑 가보니 아이는 그대로 있었다. 엄마가 *"이런 데서 자면 죽는다. 우리 집에 가자. 우리 집에서 재워줄게."* 하니 그 아이는 한사코 괜찮다며 사양했다. 이대로 물러날 우리 엄마가 아니었다.

"그럼 오늘 밤만 재워줄게. 이 추운 날 얼어 죽을까 봐 그런다."

엄마의 끈질긴 회유 끝에 마지못해 주섬주섬 가방을 메고 거적때기를 둘둘 말아 뒤따른다.

우리 집은 방이 하나였지만 미닫이문으로 둘로 나누어져 있다. 뒷방이라고 부르는 방은 살림살이가 조금 있는 창고 방이다. 방에 들어와 호롱불 밑에서 엄마랑 얘기를 나누는데 나이는 15세. 떠돌이 생활을 한 지 2년 됐다고 했다. 초등학교를 졸업하고 새엄마의 학대에서 벗어나고 싶어 가출했고, 일하러 다니던 중 안면 마비로 쫓겨났다고 했다. 엄마는 "쯧쯧…." 혀끝에 안타까움이 묻어 있었다.

그런데 아이는 책을 세 권 갖고 있었다. 『삼총사』, 『장발장』, 『집 없는 소년』이었다. 책을 읽고 있을 때 제일 행복하다고 했다. 얼굴은 이상하지만, 왠지 착해 보였다. 하룻밤이 아닌 일주일을 낯선 남자아이와 동숙했다고 해야 할까? 엄마가 수소문해서 일자리를 소개했다. 이웃 마을 학부모 중 부탁드릴 만한 선주님께 사정을 얘기하니 흔쾌히 받아주셔서 그 낯선 남자아이는 취업했다.

겨울방학이 찾아왔고, 이번엔 우리 가족이 아버지가 근무하는 곳으로 갔다. 살림하느라 고생했다며 엄마가 위로해 주니 언니는 펑펑 울었다. 또 모두 눈물바다를 만들었다. 열두 달 동안 나는 멈추었고, 그 멈춤 속에서 사람을 만나고 책을 만났다. 그리고 그 겨울밤 소년이 읽던 『삼총사』의 활자가 내 마음에도 조용히 자리 잡았다. 그날 이후 나는 『소년 소녀 명작』전집을 차례로 읽기 시작했다. 책 속에서 세상을 만나고 마음이 자라났다. 다시는 만날 수 없지만 어린 날의 나와 부모님 생각에 오늘도 책 속에서 그리움을 읽는다.

"책 속의 신세계를 만나는 법을 알고, 지금의 나를 만들었다." - 싱싱고 단상

8
선생님이 되는 꿈

새봄 새 학기에 복학했다. 새로 중1이 되어 일 년 후배들과 같은 학년으로 다녔다. 그땐 입학 나이가 한두 살은 많거나 적거나 하기에 나 역시 한 살 많은 동기가 되었다. 이제 4 대 3으로 가족이 나뉘어졌다. 언니가 식사 준비를 하고 설거지는 내가 했다. 빨래와 청소는 언니와 나누어서 했다. 아버지는 볶음밥, 카레라이스, 야채튀김, 미소된장국 등 일본에서 공부할 때 직접 하셨던 요리를 우리에게 해주셨는데 너무 맛있었다.

장날이면 육개장도 한 냄비 사 오셔서 맛있게 먹었던 기억이 있다. 지금도 부모님 기일엔 오 남매가 모여 각자의 추억을 풀어 놓는다. 그럴 때 내가 한 마디 던진다.

"365일 중 300일 이상 식사 준비한 엄마 얘기는 안 하고 나머지 65일 요리한 아버지 얘기는 두고두고 행복한 추억 얘기가 되네."

그랬다. 아버지는 고기도 부위별로 어떻게 먹는지 다양한 방법으로 요리해 주셨고, 여름철 닭 한 마리 잡을 땐 털 뽑고 닭 내장들의 장기를 설

일흔, 지금 이 나이도 참 좋다

명하신 후 날렵한 솜씨로 닭 한 마리를 깔끔하게 씻어 가마솥에 삶아 내오셨다. 그때 먹었던 닭백숙 덕분에 우리 가족은 삼복더위를 잘 이겨낸 듯하다.

2년 후 엄마는 전근으로 고향 가까이 다른 학교로 오셨지만, 여전히 이산가족이었다. 요즘처럼 집집마다 자가용이 있는 것도 아니니, 떨어져 지내다가 주말이면 온 가족이 뭉쳤다. 엄마도 주말이면 쉬고 싶었을 텐데, 떨어져 있던 자식들까지 챙겨야 하는 부모의 노고가 크다는 것을 늦게야 알게 되었다.

시간이 지나 작은 면 소재지의 여중·고를 졸업한 나는 대학 입학을 위해 예비고사를 쳤지만 떨어졌다. 우리 학교에서 지원한 친구들도 몽땅 떨어지니 조금 덜 부끄럽긴 했다. 그땐 예비고사를 합격해야 대학 정시 시험 볼 수 있는 자격을 줬다.

옛날부터 내 성적표를 보시면서 아버지가 하신 말씀이 있었다. 반에서 3등 한 나를 보고 정희는 평소 실력이고, 언니는 노력파라 1등 했다고. 시험공부는 정말 벼락치기다. 상을 펴놓고 공부하는 언니 옆에 앉아 있다가 잠시 후 쓰러져 자는 나를, 나도 어쩔 수가 없었다. 초저녁잠이 많은 나였다.

새벽에 일어나 후다닥 시험 범위를 훑어보고 등교했다. 운 좋게 공부한 범위에서 나오는 문제를 그런대로 잘 풀면 기분이 좋았다. 노력 없이 얻어지는 게 없다더니 결국 재수를 했다. 우리 아버지는 시험에 합격하면 입학을 시켜주겠지만, 떨어지면 동생을 보라고 하셨다.

대구 막내 고모와 자취하며 입시학원을 난생처음 다녔다. 공부 열기가 이만저만이 아니었다. 강사선생님들도 열정을 다해 가르쳐 주셨다.

내 평생 고시 공부한 듯 열심히 했다고 할까? 틈틈이 영화도 보고 번화한 도시 거리를 쏘다니기도 했지만, 아무튼 일 년도 금방 지나가고 두 번째 예비고사 합격과 교육대학 합격! 언니를 따라 나도 초등 교사의 길로 갔다. 내가 자란 환경이 학교 운동장을 집 마당처럼 사용하는 환경이었고, 부모님 역시 초등 교사 부부에다 언니도 초등 교사라 당연히 나도 선생님이 된다고 생각했던 것 같다. 기억을 떠올려보니 초등 2학년 때 가을 운동회 율동을 배우면서 '이 율동 동작들을 잊어버리지 말고 내가 선생님이 되면 우리 반 아이들에게 가르쳐 줘야지' 하고 다짐했다.

지금도 그때의 율동 곡과 동작들을 기억한다.

♬

나가자 동무들과 어깨를 걸고
시내 건너 재를 넘어 들과 산으로

(중략)

산들산들 가을바람 시원하구나.
랄라 랄라 씩씩하게 발맞춰 가자.

그 가을 운동회 무용을 선생님이 되어 우리 반 아이들에게 가르치고 싶다는, 작은 꿈이 내 안에서 자랐다. 세월이 흘러 교육대학에 진학했고, 체육 무용반에 배정되어 몸으로 표현하는 기쁨을 더 깊이 배웠다. 교단에서 아이들과 춤을 추며 웃고 땀 흘리던 날들은 내 꿈이 현실이 된 시간이었다. 은퇴한 지금도 음악이 흐르면 자연스레 몸이 반응한다. *"나가자 동무들아 어깨를 걸고~"* 어린 날의 상상은 때로 인생의 방향이 된다.

"배움과 가르침은 동시상영이다." — **싱싱고 단상**

9

기다린 끝에 핀 교단의 봄

드디어 교육대학을 졸업했다. 그런데 발령 희망지역의 교육청에서는 발령 소식이 감감무소식이다. 1960년대 후반에 초등 교원이 모자라 임시로 '초등 교원 양성소'를 교육대학 과정과 병행 운영. 단기 코스로 교육대학에서 6개월간 교육을 받으면 초등학교 2급 정교사로 발령을 내어주던 때다. 1971년부터 그 제도는 없어졌다.

1970년대 이후 오히려 교원 수가 너무 많은 것이 문제가 되어, 교육대학을 졸업하고도 미발령 선배들의 순차에 밀려났다. 짧게는 1년 길게는 2년을 집에서 쉬거나, 다른 대학에 편입하거나 타 직종을 찾아 떠났다. 나 역시 미발령 대기자로 또 집에서 집안일을 해야 하는 처지였다.

정말 1년을 열심히 쓸고, 닦고, 가구를 이리저리 배치하며, 집안 가꾸기를 하는 재미에 푹 빠졌다. 가정주부 체험이다. 부모님과 동생은 아침 식사가 끝나면 모두 학교로 향했다. 그때부터 설거지며 세탁, 마당청소, 꽃밭 가꾸기, 장독대 관리 등, 끝도 없는 집안일이 내 몫이 되었다. 시간은 유유히 흐르고 매일 반복되는 일상 속에서, 잠시 틈이 날 땐 신문을 보며, 고바우 영감 4단 만화부터 사회면까지 훑어본다. 신문을 통해 세상의 흐름을 읽고, 논설인지 사설인지 읽다 보면 어느새 내 손엔 가위가 들려있다. 읽다가 마음에 닿는 문장을 삭삭삭 오려 스크랩북에 끼운다. 그렇게 만든 스크랩북이 불룩해지면 새것으로 또 만들고는 했다. 발령은 나지 않았지만, 그 기다림의 시간은 절대 헛되지 않았다.

그러던 어느 날 임시교사로 발령을 받았다. 출산휴가로 비운 선생님의 반 아이들을 한 달간 가르치는 임시교사. 그땐 출산휴가가 한 달이었다. 지금 생각해도 요즘의 출산 복지제도와는 거리가 먼 제도였다.

"○○야, 언니 다음 주부터 학교 나간데이."
"어디로?"
"○○ 초등학교."
"히잉! 한 사람은 집에 있어야 되는데⋯⋯."
"언니 집에 있으니 좋아?"
"응."

하교해서 대문 열고 막 들어온 중학교 1학년 막내 남동생이었다. 아기 때부터 내가 데리고 다녔던 동생이 나를 누나라고 안 부르고, 모두 언니라고 하니 자기도 언니라고 불렀다.

참, 우리 남매는 *"엄마!"* 하고 부르며 집에 들어온 경험이 별로 없다. 텅 빈 집에 늘 우리가 먼저 와서 가방 던져 놓고 놀러 나가기 일쑤였다. 동생의 마음은 충분히 이해하지만 나도 내 살길을 찾아야 하니 *"고작 한 달이야."*라는 말로 얼버무렸다.

그렇게 나의 교단 경험이 시작되었고, 그해 가을 그 지역 최고의 벽지[9]로 정식 발령을 받았다. 교육대학 졸업 후 일 년 반 만이다.

그사이 언니가 출산했고 또 언니 아기를 돌보기도 하며, 그때그때 쓸모 있는 둘째 딸 역할로 힘들었지만 지루하지는 않았다. 백수 친구들과 배낭을 메고 이곳저곳 여행하는 사이, 하나둘 발령받고 떠나며 소식들이 뜸해졌다. 언젠가 고교 생활기록부 사본이 필요해서 행정복지센터에 가서 신청했다. 나의 고교 시절의 '진로지도 희망'란에 담임의 글씨로 '교사'라고 적혀 있었다. 이런 서류는 담임만 볼 수 있는 문서였기 때문에 수십 년이 지난 지금 볼 수 있는 것도 신기했고, 생활기록부를 마주하니 고교 시절로 순간 이동한 느낌도 들었다.

> "항구에 정박한 어선들은 언제나 출항을 기다리고 있다."　　**- 싱싱고 단상**

---

9 도시에서 멀리 떨어져 있어 교통이 불편하고 문화의 혜택이 적은 곳을 이른다.

〈기다림〉 오일캔버스 변형50F(116×45.5cm)

싱싱고의 인생 타령

1장 싱싱고 타령

싱싱고가 누구든가 닉네임의 이미지를
상상하며 들어보소 일년분기 따지자면
3/4분기 끝자락에 백세인생 네등분중
한등분만 남아있어 잔여총량 다써가네

고운단풍 예쁠때에 가을절정 다지나고
빛바래고 비에젖어 떨어지기 일보직전
여기까지 읽으시면 서글퍼서 눈길돌려
걱정당겨 하지말자 딴생각을 하시겠죠

시골학교 운동장이 우리집의 마당처럼
거침없이 뛰고놀고 우리부모 초등교사
전근가는 때가많아 학교사택 무료사용
대학갈때 비워줬네

오남매의 둘째딸로 쓸모있는 역할맡아
동생보기 살림살기 내손거친 아기들만
일곱명이 되지않소 손주양육 노하우가
어디에서 나왔겠소

초등교사 풋내길때 중등교사 남편만나

일흔, 지금 이 나이도 참 좋다

남매낳아 성장시켜 결혼분가 독립했네
그야말로 황금인생 지금부터 시작인데
손주출생 기쁨절정 양가부모 덩실덩실

요즘결혼 조건에는 친정엄마 건강한가
이게무신 의미든가 손주양육 주로담당
내스스로 자청했네 황혼육아 힘들지만
손주재롱 보다보니 13년이 훌쩍지나
중학생이 되었구려

틈새틈새 취미생활 유화민화 줌바요가
걸스카웃 훈련강사 웃음치료 독서지도
봉사활동 꾸준하게 내삶내가 만들면서
일체유심 조가내맘 내가지은 마음대로
재미나게 살고있소

칠십사세 이나이에 블로그에 입문하고
혈연지연 학연직연 다떠나서 블생인연
인생도처 유상수라 세상고수 만나면서
삶의풍요 다누리네

나이는곧 숫자일뿐 신체나이 체력나이
정신나이 정서나이 그런데도 말입니다
얼마전에 국민체력 일등급을 받았더니
싱싱고는 제수종이 상록순줄 착각으로
싱싱하게 살고있소

2장

청춘의 설렘을
붙잡기

설레는 순간은 언제나 찬란하다

"우리는 오랫동안
살아야 할 것이 아니라,
깊이 살아야 할 존재다."
- 랄프 왈도 애머슨

1

청춘의 첫걸음, 교단에 서다

　초임 학교의 첫인상이 지금도 생생하다. 첫 발령을 받고 2학년 담임을 맡았다. 가르치는 일도 일이지만 아이들 외모가 너무 지저분해서 눈에 거슬렸다. 부모님들의 바쁜 농사일에 아이들 신경 쓸 여유가 없는지라, 머리카락은 눈을 덮고 손톱은 너무 길어 새까맣게 때가 끼어 있었다. 그 손으로 밥을 먹는다고 생각하니 내가 꺼림칙했다. 머리 감고 이발하고 손톱 깎아 오기를 숙제로 냈지만, 숙제는 숙제일 뿐. 안 하고 오는 아이들이 대부분이다.

　수업을 마치고 청소가 끝나면 두세 명씩 같은 동네 친구들끼리 남겨 보자기를 목에 둘렀다. 준비한 이발 기구와 손톱깎이로 손톱도 깎아주고 머리 길이도 다듬어주며 교실은 간이 미용실이 되었다. 다 내 동생들에게 해주던 일이라 별로 어려울 것도 없었다. 반 아이들을 돌아가며 머리를 깎고, 손톱을 깎아주고 있는데, 한 아이가 손을 감추는 거다.

　"○○야! 손톱 깎아줄 테니 손 내밀어야지."
　마지못해 내민 손은 손가락 검지 한마디가 짧다.

"어떡하다 이랬어?"

"소여물 썰다 잘렸어요."

"세상에 얼마나 아팠겠노. 병원에 안 갔나?"

"몰라요. 어릴 때 그랬는데 지금 생각 안 나요."

그것도 예쁜 여자아이의 앙증맞은 손가락이 그렇다니, 커가면서 손가락 땜에 겪어야 할 마음 아픔이 미리 와서 닿는 것 같았다. 그때는 3월 말쯤 가정방문이라는 학사 일정이 있었다. 아이들의 가정환경이 어떤지, 통학한 거리는 어느 정도인지, 주변 환경은 어떤지 등. 자기 학급 아동을 이해하는 바로미터가 가정방문이었다. 한 주간은 수업을 일찍 마치고, 골짜기마다 옹기종기 모여 있는 부락으로 아이들의 안내를 받으며 집집을 들렀다. 학부모가 계시면 잠깐 얘기를 나누고 안 계시면 아이에게 묻는 형식으로 그야말로 가정환경을 훑어보고 온다.

"하이고 선상님, 이레 누추한 데를 오시다니 우리 아가 어떤교?" "말 안 듣거든 때려서라도 갈쳐주소." "참말로 선상님이 우리 아 이발도 다해주고 농사일에 바쁘다 보니, 우리 아가 어떤지도 모르고 사니더[10]."

"○○ 잘하고 있으니 걱정하지 마세요. 친구들과도 잘 어울리고 공부도 열심히 합니다. 받아쓰기도 잘하고요."

이렇게 동네 한 바퀴를 돌고 나면 어둑해서야 일과를 마치고 집으로 퇴근이다. 한적한 시골 마을에는 그럴듯한 놀이도 없으니 동네 처녀들만

---

10 "삽니다"의 경상도 방언.

일흔, 지금 이 나이도 참 좋다

모이는 방이 있었다. 거기서 어울려 놀다 오는 날이 빈번했는데, 어느 날 겁주는 얘기가 나온다. 옛날에 이 동네 나쁜 청년이 있었는데 그 청년이 내일 퇴소하면 자기 집으로 온다니 모두 불안하다고 처녀들이 이구동성이다. *"없을 땐 마을이 평화로웠는데…."*

"이 선생도 조심하소."

학교 사택에서 혼자 사는 나는 너무 무서워 집으로 갈 수 없었다. 그때부터 뒷집 처녀네 집에서 잠만 같이 자는 신세를 졌다.

여름방학이 되면 일직으로 당직 서는 날 외에는 고향 집으로 가서 쉬거나 대구로 놀러 간다. 그 시기에는 교육청에서 지정한 연수를 신청해 교육을 받기도 했다. 긴 듯한 한 달이 금방 지나가니 아쉬움이 남지만, 개학의 설렘도 있다. 아이들도 방학이 끝났다는 아쉬움도 있겠지만, 친구들과 만날 수 있는 설렘이 있을 것이다.

교사라면 누구나 겪는 공통의 화제는 방학 동안 아이들이 쑥쑥 성장하여 1학기 때 본 아이들이 아닌 듯 몰라볼 정도가 되는 것이다. 2학기가 시작되고 얼마 후 가을 운동회 큰 행사가 기다린다. 여교사가 나뿐이니 2, 3학년 무용과 중간놀이 무용, 4~6학년 매스게임을 지도했다. 한 달여간 늦여름의 뜨거운 햇살 아래 연습에 연습을 하고, 운동회가 열리면 온 마을 축제가 되었다.

내가 근무하는 곳은 하루 두 번 버스가 다녔다. 그때는 주중엔 오후 6시에 퇴근했지만 토요일에는 오전까지만 근무했다. 토요일에 근무를 마친 뒤 오후 4시 30분 버스를 기다렸다 타고 가려니 시간이 아까웠다. 그래서 토요일에는 퇴근 후 바로 자전거를 타고 환승이 편한 버스 정류장까지 약 8km, 옛날 거리로는 20리쯤 갔다. 자전거를 가까운 가게에 맡기고 돌아올 때는 자전거를 타고 들어왔다. 어느 날 퇴근해서 오니 부엌에 세워둔 자전거가 없어졌다. 순간 오싹 무서움에 소름이 돋았다.

옛날에는 도둑도 많았는지 자전거를 방안에까지 들여놓는 집도 있었다. 그동안 동네가 잠잠해져서 다시 사택인 내 방에서 잤는데, 나의 용맹을 발휘하게 만든 순간을 제공해 줄 그 누가 왔단다. 그날따라 가을비도 추적추적. 일찌감치 저녁도 해 먹고 야외 전축 위에 음반을 올려놓고 존 바에즈의 〈솔밭 사이로 강물은 흐르고〉, 〈도나도나〉를 들으며 책을 읽고 있다가 깜빡 조는 순간, 갑자기 전깃불이 확 꺼졌다. 깜짝 놀라 랜턴을 켰다.

'정전이 되었나?'

물론 문단속은 철저히 했지만 캄캄하니 더 무섭긴 했다. 불도 꺼졌는데 잠이나 자자하고 눈을 감고 노래를 흥얼흥얼. 그런데 문밖에서 숨소리가 들리는 듯했다. 나도 노래를 흥얼거리는 척하며 기다렸다가 순간 대통 고함을 쳤다.

"누구야!!!"

후다닥 도망치는 발소리를 들었다. 한숨도 못 잤지만, 손 탁탁 털며 어깨를 으쓱, 목을 오른쪽 왼쪽으로 돌리며 감히 나를! 통쾌한 맛이 이런 거구나 싶었다. 이 얘기를 출근해서 교무실에서 얘기하니 교감 선생님이 깜짝 놀라며 *"이 선생. 절대로 서로 얼굴 보이면 안 돼요! 얼굴 보면 해코지할 수 있으니 절대로 안 돼요!"* 당부에 당부를 하셨다.

참 철없던 시절 '하룻강아지 범 무서운 줄 모른다.'라는 속담이 떠오른다.

학교의 연중행사가 몇 가지 있다. 큰 행사로 봄가을 소풍, 가을 운동회, 졸업식이 있다. 운동회는 학부모님, 마을의 졸업생들, 기관장님들이 배석한 본부석을 향해 학년별로 발표를 하는 종합체육대회다. 오랜 연습과 종목별 담당 선생님의 지도력이 발휘되는 순간이다

그중에서도 4~6학년 매스게임이 운동회의 꽃이다. 교직 생활에서 출산휴가 때만 빼고 운동회의 꽃 매스게임을 다 맡아서 지도했다. 학년 초 담임 발표 후 업무 분장도 발표한다. 운동회 관련 업무는 업무 분장에 속하지도 않기 때문에 2학기만 되면 운동회 준비 회의에서 누가 고학년 매스게임을 맡을지 여교사들이 모여 의논을 한다. 결국은 해마다 내게로 돌아왔고 맡은 후에는 최선을 다해 가르치고 연습을 시켰다. 운동회 당일 학부모님들의 큰 박수에 한 달여간의 고단함이 다 풀어졌다. 이것뿐만 아니라 각 학교는 해마다 장학지도를 받는다. 공개수업이라는 명목으로 교실수업을 참관하시는 장학사님과 이웃 학교 대표 선생님들이 보는 앞에서, 수업을 진행해야 하기 때문에 아무도 선뜻 나서지 않는다. 학년마다 한 학급씩은 공개수업을 해야 하니, 누구라도 해야 하는 절체절명의 순간이다.

핑계 없는 무덤이 없다고들 하더니, 모두들 사정이 왜 갑자기 딱해지는지…….

보통은 신규교사나 그 학년에 가장 젊은 교사가 선배들 눈치에 못 이

겨 공개수업을 한다. 선생님들의 나이가 비슷비슷하거나 남교사가 있을 때 복잡한 갈등으로 마음이 무거워진다. 결국은 내가 수업하는 걸로 끝내면 박수로 치켜세워준다. 자기들의 어깨가 가벼워짐에 만면에 웃음이 번지고 학년의 평화가 유지된다. 수업 준비가 만만치 않아 밤샘하기 일쑤다. 수업 지도안을 쓰면 연구부장과 교육과정의 핵심 주제를 의논하고, 도입-전개-정리-심화 학습으로 마무리하는 40분의 수업을 해야 한다. 아이들의 학습 호응도를 살피며 즐겁게 참여하는 수업이 되면, 참관하시는 모든 선생님의 수업 평가가 긍정적이다. 칭찬을 들으면 힘들었던 순간들이 눈 녹듯이 사라지지만, 지도 편달이라는 명목으로 조목조목 따지면 참 입맛이 쓰고 명치가 무겁다. 자기 수업은 자기가 제일 잘 안다. 잘했는지 아니면 아쉬운지. 물론 칭찬이 더 많았다.

교직 생활 중 세 번의 수업 심사와 공개수업으로 젊은 시절을 보냈다면, 늦게는 꾀가 생겨 업무 분장에 없는 운동회 매스게임과 공개수업을 두고 협상을 했다. 나는 운동회 매스게임을 맡을 테니, 공개수업은 나머지 선생님들이 의논해서 결정하시라고 말을 꺼내고는 한 발 물러섰다. 나의 비장의 카드를 내밀 수 있어 다행이었다. 교직 마칠 때까지 운동회 매스게임은 나 스스로 맡아 하니 편했다. 방과 후 특별 지도도 기억에 남는다. 학교를 대표해서 나갈 학생들을 선발해서 지도하고 교육청이나 각종 단체의 행사에 출전. 주로 육상대회, 미술대회, 구기대회 등. 수도 없이 학생들을 동원하는 행사 공문이 날아오면 참여를 안 할 수가 없다. 아이들의 재능을 알아보고 꿈나무를 키우는 교육적 의미가 크기도 하고, 아이의 재능을 발굴 육성하는 게 교사의 임무 중 하나이기도 하다. 그중 방과 후 미술을 맡아 특별 지도를 했다. 고학년 수채화 그리기와 저학년 아동화 그리기 중 고학년을 맡았다. 우리 교실에서 책상을 붙여 놓고 스케치부터 채색까지 차근차근 지도하면, 아이들의 실력이 쑥쑥 자라는 게 눈에 보였다. 교사의 희열을 느끼는 순간이다.

오월이면 어린이날을 전후로 여러 단체에서 주관하는 야외 사생대회가 많았다. 몇 개씩 나누어 참여하기도 하고 모두 참여하기도 했다. 그땐 주 6일 수업이라 토요일 오후나 일요일 종일 행사에 참여했다. 여기저기 흩어져 그리는 아이들 챙기느라 걷기운동은 저절로 되었다. 우리 지역에서 제일 큰 대회는 경주 보문단지에서 열리는 '동해지구 어린이 그림 그리기대회'이다. 이 대회에서 내가 지도한 아이들이 최우수를 비롯하여 특별상까지 6명이 입상을 했다. 최다 입상한 학교가 되어 '학교상'과 '지도교사 교육감상'을 받았다. 교육청 강당에 입상한 아이들과 지도교사들이 모여 있는 가운데 단연 우리 학교가 빛나는 순간이었다. 그 이후도 행사 때마다 아이들 인솔하고 안전귀가 시키기를 반복했다. 자가용이 없는 시대, 버스를 이용하는 게 당연했으니 불편함도 못 느꼈다. 내 인생 2/4분기, 나는 부지런했고, 즐거웠고 무엇보다 사명감을 잃지 않았다. 교단 위의 모든 순간이 내 삶의 열정이었고, 그 열정은 지금도 내 안에서 따뜻하게 타오르고 있다.

"교육은 가장 위대한 희망의 사업이다." - 알버트 아인슈타인

〈봄의 향연〉 오일캔버스 20P (60.6×45.5cm)

일흔, 지금 이 나이도 참 좋다

2
좋은 총각 어디 없나요?

20대 후반 교직 생활과 맞물려 결혼이라는 새로운 톱니바퀴를 끼우는 과정도 심심치 않다. '이제 안정적으로 직장에도 다니고 있고, 나이도 어느 정도 찼으니 은근 결혼도 해야 하지 않을까?' 고향의 친구와 만나면 결혼에 관한 이야기를 누가 먼저라고 할 것도 없이 나누고 있었다.

"너는 언제 결혼할 거고?"
"좋은 사람 있나?"
"아니 없어."
"몇 살에 결혼하면 좋을까?"
"27살!"
"나도!"
둘 다 같은 숫자다.
"너는 어떤 사람이 좋노?"
"나는 웃는 사람이 좋아."

참 맥없는 답변을 했다. 나도 모르게 첫말이 그렇게 나오다니. 그 친구는 연애 상대자가 있는 듯했다. 고교 친구들은 대부분 졸업한 지 얼마 되지 않아 결혼 소식을 전해왔다. 집에 와서 아버지와 이어진 대화도 다르지 않았다.

"아버지! 과년한 처자가 집에 있는데 왜 중매가 안 들어와요?"
"내가 다 살펴보고 있다."

시골 면 소재지에서 살펴봐야 별 탐탁한 곳이 없는지 말씀이 없기에 아버지의 의중을 떠봤다. 겨울방학이 되면 으레 대구에 계시는 고모 집으로 향했다. 추위가 물러가고 농사를 시작하는 봄이 되기 전까지 할머니가 대구의 딸네 집에서 머무르셨기 때문이다. 할머니의 여행 동반자가 나였다. 여기서도 혼기에 찬 조카의 신랑감 찾기 대화가 오갔다. 고모님이 대구에서 발이 넓어 이집 저집 혼기에 찬 자녀들을 소개해 주는 데 한몫 하시기에 내 물음은 이어졌다.

"고모, 혹시 좋은 총각 없어요?"
"그래 너는 어떤 사람이 좋노?"
"아 저는 중고등학교 교사면 좋겠어요."
"될 수 있다면 수학이나 음악 선생님이면 더 좋겠어요."
"야야 총각 구하기도 어려운데 과목까지 골라 가려면 니 시집 못 간다."
대구 넓은 천지에 총각이 그리 없단 말인가?
"그건 그렇고 왜 수학이나 음악 선생이 좋은지 이유나 들어보자."
"제가 수학을 못 하니. 왠지 수학 잘하는 아이를 낳고 싶고. 음악은 피아노도 치고 노래도 부르는 화목한 분위기를 만들고 싶어서요."

일흔, 지금 이 나이도 참 좋다

참말로 나는 부끄러운 줄도 모르고 당돌한 질문도 서슴없이 하는 처자였다. 어느 날 중학교 때 영어 선생님을 미용실에서 만났다. 여자 선생님이시고 동네 주민으로 우리 가족들과도 잘 알고 지내는 사이다.

"안녕하세요? 선생님."
"아이고 정희구나! 너 요즘 어디 근무하니?"
"네 ○○초등학교에서요."
"참! 선생님, 그 학교 총각 선생 있나요?"
내가 생각해도 결혼 못 해 안달난 듯했다.

"아이고 내가 너를 생각 못 했네." "안 그래도 다른 학교 여선생님을 소개하는 말을 꺼내니, 성씨를 묻더니 우리 집안에 그 성씨는 단명한다면서 혼인은 못 한다고 하더라고, 잘 됐다. 너를 소개해 줘야겠다."
"무슨 선생인데요?"
"수학 선생인데 내 후배고, 내가 중학교 때 가르친 학생이었단다."

웁쓰! 말이 나오다 말고 쏘옥 들어갔다. 그 이후 소개팅이 정식으로 이루어졌다. 소개팅 가는 길 첫 만남부터 내 마음속 심사는 시작됐다.

> "결혼은 타이밍과 용기, 두 마음이 만나 완성된다."   - 싱싱고 단상

3

눈물범벅으로 만난 한 사람

사군자 즉 매화. 난초. 국화. 대나무 중에서 대나무 마디를 그릴 때가 생각난다. 먹물의 농담을 달리한 붓으로 단숨에 줄기를 그리다가 잠깐 멈추어 힘을 살짝 준다. 다시 단숨에 줄기를 그리면 대나무의 마디처럼 표현된다. 사람들의 인생도 대나무 마디처럼 한 획을 긋는 시점이 생기는 듯, 뒤돌아본 내 인생도 그렇다. 한 획을 긋는 시점이다.

영어 선생님의 주선으로 소개받은 선생님과 첫선을 보는 날이다. 주말도 아니고 월요일, 그것도 우리 집에서 보기로 했다. 시골 조그만 면 소재지에 다방이 있긴 하지만 분위기가 아니기도 했다. 또 좁은 지역에 소문도 무섭다고 생각되었는지 저녁 8시에 아버지께서 그 선생님을 초대하셨다. 내가 근무하는 곳에서 다시 집으로 가려면, 버스를 중간 지점에서 갈아타고 30분 정도 더 가야 하니, 조퇴를 신청했다. 교감 선생님이 물으셨다.

"이 선생 어디 가노?"
"선보러 갑니다."
"뭐라고? 거짓말 아니제."

　　　　　　　　　　　　일흔, 지금 이 나이도 참 좋다

"네. 참말로 선보러 가예."

조퇴를 허락 맡고 하루 두 대밖에 없는 마지막 버스를 타고 환승 정류
장에서 집으로 가는 버스에 올랐다.

버스에 올라 맨 뒷좌석 자리에 앉았는데, 젊은 남자가 휙 돌아봤다. 순
간 '*저 사람 보다 못났으면 땡이다*'라는 즉석 기준을 만들었다. 우리 집
꽃밭에 백장미가 탐스럽게 피었던 5월 31일. 오월의 마지막 날 선생님을
우리 집으로 초대했다. 내 맘속의 기준보다 키도 크고 슬림 했다. 부모님
과 몇 마디 나누고, 난 얘기만 들었다.

매주 토요일 그 시골 면 소재지의 다방에서 만나 데이트 같지도 않은
데이트를 했다. 몇 번 데이트를 해봤지만, 이상하게도 마음이 전혀 움직
이지 않았다. 대화도 밋밋하고 웃음 한 번 터지지 않는 만남이 반복되자
'*이건 아닌 것 같다*'라는 생각이 들었다. 그래서 깔끔하게 끝내기로 했다.
어느 일요일 오후 다방에서 만나 얘기를 꺼냈다. 소개해 주신 영어 선생
님과 우리 부모님께 죄송하지만 이제 이 만남을 끝내자고 했다.

그랬더니 맞선 본 선생님은 이렇게 말했다.

"지금 제 감정은 사인, 코사인 곡선처럼 오르락내리락하고 있어요."
그 말을 듣는 순간, 속으로 누가 수학 선생 아니랄까 봐, 피식 웃음이
났다. 탁자 위에 사인 코사인 곡선을 그려가며 설명하는 모습에 헛웃음
이 나올 뻔했지만 나는 단호했다.

*"저는 사인인지 코사인인지 그런 거 모르고요. 제 마음은 결정됐으니
그렇게 아세요."*
말을 마치고 그대로 밖으로 뛰쳐나왔다.

"일주일만 시간 주세요."

버스 시간 맞춰 나왔기 때문에 들은 척도 않고 바로 버스에 올라 내 근무지로 돌아왔다. 옛날엔 개인 폰이 없었기에 모든 연락은 학교 전화로만 가능했다. 그 주 토요일 퇴근하려고 국기를 내리는데 전화벨이 울린다. *"따르르릉 따르르릉."* 전화 끊어질세라 숨 가쁘게 뛰어가 받으니 우리 아버지 목소리가 들렸다.

"정희야. 집에 큰일 있다. 오늘 대구로 가지 말고 바로 집으로 온나!"

친정엄마의 건강이 별로 좋지 않았기에 '또 엄마에게 무슨 문제가 생겼나??' 걱정하며 집으로 발길을 돌렸다. 그 사이에 어른들이 비상이 걸린 모양이다. 내가 안 만난다고 하니 급히 서둘렀는지 집에 도착하자마자 아버지가 말씀하셨다.

"너 내일 약혼식 할 거다."
"아버지! 그건 아니잖아요!"
"저쪽에서 아버지도 모시고 왔단다."

참말로 어이없는 상황에 화가 잔뜩 났다. 울고불고 난리가 났다. 그런데 이 상황을 만들었으면 전화라도 해서 내게 뭔가 자초지종 얘기를 해야 하는 거 아닌가? 소개해 주신 영어 선생님께 예의 지킬 마음의 여유는 온데간데없이 사라지고, 서운함과 분노가 뒤섞인 원망의 목소리가 총알처럼 다다다다 멈추지 않고 쏟아져 나왔다.

지금 생각해도 무례하기 짝이 없었다. 옛날 말에 중매 잘하면 술이 석

일흔, 지금 이 나이도 참 좋다

잔이고, 못하면 뺨이 석 대라는 말이 있다. 다음 날 아침까지도 나는 울고불고했다. 아버지께서 하도 힘들었는지 그럼 네가 전화해서 오늘 약혼식 못한다고 해라 하시고는 자전거를 끌고 나가셨다. 그러자 조금 있다가 그 사람이 전화했다. 누가 귀띔을 했는지 대뜸 전화로 한다는 말이,

"이 선생님 기분이 안 좋다고 하시던데, 우리 먼저 만날까요?"
"아니요. 이 상황을 저는 모르는 일이지요."
"아, 미안한데 아버지가 오셔서 이렇게 되었습니다."
"그럼 어제라도 전화를 주셔야죠."
"아, 어제 비도 오고 이런저런 일로…."
"비 오면 전화선 끊깁니까?!"
"그건 아니지만, 일단 우리 초원다방에서 만납시다."

언제 들어오셨는지 아버지의 안색은 불안과 걱정으로 어두웠다. 아버지께서 내 어깨를 두드리며

"정희야. 말 잘하고 오너라."

어젯밤부터 눈물 콧물 다 흘리며 울었기에 눈, 코가 피에로 얼굴처럼 울그락불그락 했다. 그 얼굴 그대로 초원다방 구석진 자리에 앉았다. 약속 시간 5분 후에 도착한 그 사람 첫마디에 더 어이가 없었다.

"저보다 일찍 온 사람은 처음이네요."
"일찍 온 게 아니고 제시간에 왔어요."
"보통 여자들은 조금씩 늦게 오기에 그것 고려해서 조금 늦게 나왔네요."

유구무언이란 사자성어를 떠올리며 입 다물고 있었는데 다음 말은 더 기가 찼다.

"오늘 11시에 약혼식을 영어 선생님 댁에서 양가 부모님 모시고 하려는데 이 선생님 의견을 듣고 결정하려고 왔어요."

공이 내게로 넘어왔다. 아웃을 시킬지, 골인을 할지, 머릿속은 온통 수많은 생각으로 뒤엉켰다. 한참 뜸을 들이는 중 아버지의 말이 귀에서 하울링을 한다.

'정희야. 말 잘하고 오너라 라라라라라…'

아버지의 간곡한 눈빛과 어깨를 토닥이는 손의 무게감이 아직도 내 어깨에 남은 듯했다.

'그래 아버지를 실망시키지 말자.'

"제가 독신주의자도 아니고, 그렇다고 동성연애자도 아니니 이성과 결혼해야죠."

"네. 그럼 11시에 영어 선생님 댁에서 기다리겠습니다."

결국, 아버지를 실망시키지 않으려는 마음 하나로 일생일대의 선택, 내 인생을 한판에 걸었다. 그때가 내 인생의 가장 큰 결단이었다. 집에 오니 아버지가 긴장하며 물으셨다.

"어째 됐노?"

"11시에 약혼식 한대요."

"잘 됐다."

그때부터 아버지는 바쁘게 움직이며 준비를 하셨다. 주문한 일식 요리가 한 상 가득 차려지고, 양가 부모님과 소개해 주신 선생님 부부, 약혼

당사자가 둘러앉았다. 처음 뵌 그쪽 아버지는 한학을 하신 분답게 한복 두루마기 소매를 걷으시며 붓으로 먹물을 찍어 사성[11]을 쓰며 처자가 이쁘네 하셨다. 속마음엔 '화장도 안 한 맨얼굴이 뭐 이쁠까….' 괜히 그러시겠지 시큰둥해 있었다. 그때의 내 태도는, 지금 생각해도 참 예의 없고 무심했다. 집에 오니 언니가 물었다.

"너 그 사람 싫다며 왜 하는데?"
"난 1% 기대만으로 한다."
"그 1%는 뭔데?"
"그냥 교사로서는 사대부고와 사대 수학과를 졸업했으니 최고 아이가."

그해 겨울방학이 시작되고 대구에서 결혼식을 올렸다. 예식장에서 언니는 언니의 교대 반 친구를 만났다. 반가움에 손을 잡고는 서로 안부를 나누며 대화가 이어졌다.

"아이고 ○○야, 니 여기 어째 왔노?"
"내 여동생 결혼식을 여기서 해. 너는?"
"나도 외사촌 동생의 결혼식이라 왔어."
"몇 시에"
"2시 30분"
"엄마야 내 여동생도 2시 반인데."
"혹시 내 외사촌 동생과 결혼하는 사람이 니 동생이가?"

---

11 혼인이 정해진 뒤 신랑 집에서 신붓집으로 신랑의 사주를 적어서 보내는 종이.

한 다리만 건너면 사돈이란 말이 여기서도 증명되듯, 언니와 반 친구가 사돈지간이 된 순간이었다. 그렇게 70억 인구 중에 한 사람을 나의 배우자로 맞아 지금까지 살고 있다. 우리 딸이 중3 때쯤 이런 말을 했다.

"엄마는 아빠 어디가 좋아서 결혼했어?"
"아빠가 어떤데?"
"이것도 안 좋고 저것도 안 좋고." 손가락을 접으면서 말하길래
"그것 빼고 다 좋다."

좋은 사람을 만났느냐보다, 그 사람과 어떻게 살아냈느냐가 더 중요하다는 걸 결혼 50주년을 앞둔 지금에야 또렷이 느낀다. '그것 빼고 다 좋다'는 말 안에 우리가 함께한 세월이, 사랑이, 그리고 삶이 고스란히 담겨 있다. 크고 작은 고비 속에서도 큰 탈 없이 여기까지 온 것, 그저 감사할 일이다.

> "진정한 만남은 인생의 방향을 바꾼다."
>
> - 앙드레 지드

일흔, 지금 이 나이도 참 좋다

4
청춘을 담은 도시락 6개, 숨돌릴 30분

　남자들과 여자들의 수다의 끝은 두 가지로 나뉜다고 한다. 남자들은 군대에서 축구 한 얘기가 나오면 헤어질 시간이 됐고, 여자들은 아이 낳은 이야기가 나오면 모두 자리에서 일어날 시간이라고 한다.

　인생 2/4분기는 역시 결혼과 자녀 출산과 양육의 시간이다. 병행해서 직장 생활도 하니 그 바쁨은 이루 말할 수 없다. 하루하루가 전쟁이라는 말이 딱 맞다. 첫아들을 낳았다. 우리 할머니는 우리 집안에 첫아들 낳은 사람은 '니가 세 번째다'라고 말씀하셨다. 친척 중 첫딸 낳은 사람은 많아도 첫아들은 손꼽을 정도니 할머니의 기쁨을 그 말씀으로 대변하신 듯했다. 나 역시도 믿기 어려운 상황이었다. '내가 아들을 낳다니….' 그땐 초음파를 해도 태아의 성별은 알 수 없었다. 출산을 하고 나서야 알았다. 옛날 어른들 말씀에 '애는 낳아봐야 안다.' 이젠 이런 말도 필요 없게 됐지만, 열 달 동안 온갖 징후를 보며 점쳤다. 대를 이을 아들을 낳아야 한다는 부담을 가진 아낙네들의 고충이 남의 이야기가 아니었다.

　그렇게 아들을 낳고 2년 후 둘째는 딸을 낳았다. 아기가 나오자마자 의사 선생님의 한마디 *"어이쿠! 공주님이네."* 듣는 순간 섭섭했다. 참 이상한 감정이다. 왜 섭섭했는지 지금도 분석이 안 된다. 딸을 낳으면 두 번 섭섭하다는 어른들의 말이 떠올랐다. 낳았을 때와 시집보낼 때. 그래서 그런가? 사실 시집보낼 때는 인륜지대사를 무사히 치렀음에 섭섭한 감정도 찾아오지 않았는데 말이다.

정신을 차리고 난 뒤 너무 잘했다고 나에게 칭찬했다. '아들딸 다 낳아 봤으니 더 이상 이 고통 안 당해도 되겠구나.' 생각하니 너무 좋았다. 삶에서 가장 에너지를 많이 쏟아 부어야 하는 시점이다. 가족형성과 가족성장, 가정경제를 탄탄히 하는 것 모두 이 시기에 이루어야 할 중요한 일들이었다. 부모로선 눈코 뜰 새 없다는 말이 와 닿았다. 하지만 삶의 환희도 이때만큼 최고의 순간이 없었다. '참 열심히 재미있게 살았다'라고 표현할 수 있다.

아이들이 중·고등학생일 때, 어느 날 아침에 튀김을 좀 많이 했다. 감자, 햄, 고추, 통조림 옥수수 등으로 만든 튀김이 수북수북 넉넉했다. 옆집에도 아이들 도시락 반찬으로 쓰시라며 똑똑 문을 두드려 건넸다.

"하이고 아침 출근하기도 바쁠 텐데 이런 것까지 만들다니 나는 집에 있어도 안 했구먼.…." 그때는 요즘처럼 급식제도가 없어 점심, 저녁용으로 보온 도시락 두 개씩 쌌다. 우리 부부 것까지 모두 6개다. 새벽 4시면 기상을 했다. 아침 식사 준비에 도시락 싸기, 간식 챙기기 등. 6시면 아이들을 깨우고 아침 식사를 차려준다. 잠결에 먹는 둥 마는 둥 두 개의 도시락을 들고 버스 타러 가는 아이들 뒷모습이 내 눈에서 사라질 때까지 배웅했다.

그다음부터 우리 부부도 식사 후 뒷설거지를 하고, 출근 준비까지 하려면 바쁨은 두말이 필요 없다. 그땐 승용차가 한 대밖에 없었는데, 마침 출근 방향이 같아 함께 타고 갔다.

출발과 발출의 의미를 몰라 두 번이나 출근 차를 놓치는 웃기는 상황을 설명하자면, 출발 7시 30분. 나는 현관문 나서는 시간으로 생각. 남편은 차바퀴가 구르는 시간으로 생각. 엘리베이터를 타고 내려가니 차는 저만치 굴러가고 있었다. 어이없어 헛웃음만 지을 수밖에…. 이듬해 다른 곳으로 발령이 나면서 차가 꼭 필요해졌다. 자주색 프라이드 베타를 첫차로 구입. 드디어 마이카가 생겼다. 그때의 차번호가 지금 내 휴대폰 번호와 같아, 인연처럼 지금도 그 번호를 품고 산다. 사실 운전면허증도 남편보다 먼저 땄고, 운전 실력도 내가 더 좋았다. 그 바쁜 아침 활동을 끝내고 내 차로 출근할 때, 내가 잠시 숨을 돌리는 순간이다. 나만의 공간에서 라디오에 귀 기울이며 경치도 보고, 한적한 시골로 약 30분의 드라이브가 작은 일상탈출로 나를 위로하는 소중한 순간이다. 지금도 언제 어디든, 내 마음이 향하는 곳으로 운전대를 잡는 것은 나만의 자유를 만끽하는 삶의 방식이다.

"학교급식과 엄마표 도시락의 차이점은 사랑 양념이 다르다." **- 싱싱고 단상**

〈사랑을 담아〉 오일캔버스 20S (60.6×60.6cm)

일흔, 지금 이 나이도 참 좋다

5

아이들의 빈자리에 설렘으로 채우다

두 아이가 외지로 대학을 가고 이제 우리 부부만 달랑 남았다. 아들은 서울로, 딸은 경남으로, 서로 반대 방향이다 보니 번갈아 오르내렸다. 그 땐ktx가 없어 새마을호 기차나 고속버스로 5시간을 길에서 보내며 서울로 올라갔다. 내가 사는 곳에서 딸에게 갈 때는 내 차를 끌고 가는 게 편했다. 입학부터 졸업 때까지 온갖 짐을 싣고 수십 번을 다녔던 고속도로, 한번은 딸을 내려주고 다시 돌아오는 길에 순간 잘못 빠져나가 부산으로 진입했다. 어쩔 수 없이 한참을 가다가 유턴해서 톨게이트를 지나 경부고속도로에 올랐다. 그땐 내비게이션도 없고 교통 표지판이 유일한 이정표였다. 이 경험으로 '길은 통한다.'라는 것을 체득했다. 길이 헷갈려도 길은 통한다는 믿음으로 침착하게 운전을 하는 편이다.

이제 아이들의 방이 텅 비어 있으니 그 공허함에 가슴 한편 썰렁한 바람이 지나간다. 할 일이 반으로 줄어들었다. 공허함도 잠시. 취미활동에 쏟을 여력이 있기에 본격적으로 동호회 활동에 참여했다. 저녁 시간을 보내고 가까이 있는 화실에 모였다. 7~8명이 모이니 화실이 복잡했다. 그릴 소재를 가운데 두고 각자의 위치에 자리를 잡았다. 서로 좋은 위치에서 그리려는 눈치싸움도 즐거웠다. 캔버스를 이젤에 끼우고 스케치부터 차근차근, 다양한 소재를 하나씩 그리며 자연의 아름다움을 캔버스에 담았다. 어릴 때 그림 그리기 소질이 제대로 발휘될 기회를 잡았으니 그야말로 내 눈에는 일취월장이다.

가끔은 전문 화가를 초대하여 지도를 받고 터득한 기법을 캔버스에 옮겼다. 그림 친구와 함께 스케치 여행과 야외 풍경 사진을 찍으러 곳곳을 찾아다녔다. 내가 사는 지역은 눈이 잘 오지 않아서 눈 온 풍경 그릴 소재를 구할 수 없었다. 어느 해 눈 온 풍경을 촬영하러 중앙선 기차를 타고 충북 제천까지 갔었다. 택시 기사님을 섭외해서 하루 종일 눈 풍경을 찍었다. 기사님과 함께 저녁을 먹고 기차역으로 온 잊지 못할 추억이 있다. 전시회를 해야 작품이 마무리된다고 한다. 그리다 만 캔버스도 수두룩하다.

여러 차례 전시회와 출품으로 작품들이 차곡차곡 쌓이니 그것도 큰 공간을 차지했다. 지금은 나의 작은 농장 갤러리에서 쉬고 있지만, 그중엔 큰 대회 입상작도 몇 개 있다. 그림을 보면 그때의 장면들이 파노라마처럼 스쳐 지나가며, 추억을 되새기게 한다.

1983년 처음으로 유화를 배웠지만, 아이들 학업 뒷바라지로 오랫동안 쉬다가, 다시 그림을 그리면서 행복했던 순간들과 전시회 경험들이 나의 자존감을 더욱 든든하게 만들어 주었다.

나를 채워준 또 하나의 활동은 한국 걸스카우트이다. 40세 때 동료 교사의 권유로 함께 활동하자고 시작한 과정은 대장에서 훈련 강사까지, 다양한 활동과 국제 대회 참여 등, 그때 함께 했던 인연들은 지금까지 내 곁에 머물고 있다. 함께 그림을 그리고 단체 활동을 하고 봉사활동을 하며 웃고 땀 흘리던 그 얼굴들이 이젠 내 인생의 든든한 동반자가 되었다. 우리 사이엔 나이도 배경도 조건도 없었다. 오직 함께 흘린 땀과 웃음이 우리를 하나로 묶어 주었다. 주어진 여건에 맞게 참 열심히 살아온 지난 날을 되돌아보니 어제 일만 같은데, 이제는 우리 아이들이 어느새 그 시절의 내 나이가 되었다. 참 시간이 빠르다. 그때 나는 허전함을 기회로 삼아 나 자신을 새롭게 발견했고, 그 시간이 일흔의 인생을 풍요롭게 만들었음을 안다. 인생 3/4분기를 이렇게 잘 살아 내는 지금, 비워진 자리도 결국엔 나를 채우는 공간이 되었다.

"삶이란 흘러가는 시간 속에서 나를 빚어 가는 예술이다." - 무명작가

6

청춘을 꽃피울 그리운 얼굴들

"오구구, 이쁜 내 농작물"이라는 글을 블로그에 올렸더니, 이웃님들이 교직에서도 농작물처럼 아이들을 사랑으로 잘 가르쳤을 것 같다는 댓글을 남겨주셨다. 그 말을 읽고 나도 모르게 지난 교직 생활이 파노라마처럼 눈앞에 펼쳐졌다. 그중에서도 가장 선명하게 떠오르는, 내게 깊은 인상을 남긴 어느 학급 이야기를 꺼내 보고 싶다.

지금으로부터 꼭 30년 전, 도심에서 조금 떨어진 외곽에 새 아파트 단지가 들어서며 학교도 새롭게 문을 열게 되었다. 마침 나도 정기 이동을 신청해 새로 문을 여는 그 초등학교로 부임했다. 첫 출근 날, 교무실은 긴장과 설렘으로 가득했다. 학생과 교사 모두가 처음 만나는 자리. 각자 봉투를 하나씩 뽑아, 그 안에 적힌 '일 년을 함께할 반 아이들 명단'을 받았다. 내가 맡은 반은 6학년 4반. 새 학교의 최고 학년, 첫 졸업생을 배출하게 된다는 사실이 자랑스러우면서도 어깨가 무거워졌다.

처음에는 25명으로 시작했던 우리 반은, 아파트 입주가 본격화되며 순식간에 50명으로 늘어났다. 요즘은 초등 정원이 25명을 넘기지 않지만, 그때는 50명이 한 교실에서 북적이며 지냈다. 6학년 교실은 4층, 전체 7

학급 중에서 우리 4반은 딱 가운데 교실이다. 그곳에서 함께 보낸 시간은 정말이지 잊을 수 없다.

우리 반엔 끼 많고 재주 많은 아이가 참 많았다. 마침 우리 교실에 전자피아노가 있어서, 피아노를 잘 치는 아이가 음악 시간은 물론, 하루의 수업이 끝난 뒤 늘 반주를 맡았다. 아이들은 당시 유행하던 대중가요, 예를 들어 〈질투〉〈걸어서 하늘까지〉〈마지막 승부〉〈하여가〉〈애모〉 등을 신나게 불렀다. 하루의 피로를 풀어주는 노래 시간이었다. 복도를 지나던 다른 반 아이들도 우리 반 노랫소리에 이끌려 계단에서 함께 떼창을 하곤 했다. 지금 생각하면 마치 초등 노래 교실 같던 그 시절. 나도 아이들에게 신곡을 배웠다.

책 읽는 시간도 특별했다. 『닥터스』같은 책을 돌려 읽으며 나눈 이야기들은 아이들 마음을 한층 더 가까이 묶어 주었다. 신문을 읽고 세상의 이야기도 고학년답게 깊은 대화가 가능했다. 학교에서 나눈 얘기를 집에 가서 부모님과 동생들에게도 들려주었는지, *"너거 선생님 정말 아는 게 많구나!"*라고 칭찬의 말을 전해주기도 했다. 그 덕분인지 자연스럽게 주로 고학년 담임을 신청하게 되었다. 요즘은 사춘기가 빨라져서 고학년 담임을 꺼리는 선생님도 많다고 들었지만, 내게는 6학년이 늘 설레고 기다려지는 학년이었다.

졸업을 앞두고 아이들은 조별로 준비한 '헤어짐의 멘트'를 돌려가며 나누었다. 그 시절엔 타임캡슐도 유행이었다. 우리 학교도 타임캡슐을 교정 한쪽에 묻었다. '30년 후에 다시 꺼내어 보자.'라는 약속과 함께. 어린 시절의 나, 그리고 꿈을 품은 아이들의 마음을 그 속에 담았다.

지금도 유난히 또렷하게 기억나는 한 가지가 있다. 〈한국을 빛낸 100명의 위인들〉 노래를 개사해 우리 반 아이들의 이름과 재능을 가사에 넣어 만든 〈우리 학교, 우리 반을 빛낼 50명의 위인들〉이라는 반가였다. 노래 부르며 자기 이름이 나오면 어찌나 신나던지. 아이들은 자신이 가진 재능과 가능성을 목소리 높여 부르며 더 큰 꿈을 꿨다. 나 역시 그 노래를 들으며 아이들 한 명, 한 명의 미래를 그려보았다. 그중에 한 남학생이 대통령이 되겠다고 했다. 그 말을 들은 여학생이 *"그럼 나는 영부인이 될 거야!"* 하며 깔깔 웃었던 에피소드가 떠오른다.

스승의 날이 다가올 때면. 감동의 눈물을 감추느라 애먹었던 기억과 노래를 부르던 그 아이들의 반짝이던 눈망울이 지금도 눈에 선하다. 스승의 날 출근해서 교실로 들어가려고 하니 반장이 잠깐만 기다려 달라고 나를 붙잡는다. 이제 들어오라는 신호를 받고 교실로 들어선 순간 폭죽을 터트리며 손뼉을 친다. 아이들이 일찍 등교해서 교실을 꾸미고 칠판에 "♡선생님 사랑해요♡" 색깔 있는 분필로 크게 써 놓았다. 케이크를 교탁 위에 올려놓고 나를 향해 불러주던 노래.
"스승의 은혜는 하늘같아서 우러러 볼수록 높아만 지네."

그 시절 교실 가득 웃음꽃을 피우던 졸업생들이 어느새 사회의 한가운데서 제 몫을 해내고 있을 것이다. 가끔씩 그들의 이름을 떠올리며, 지금쯤은 누군가의 희망이 되고 한 조직의 기둥이 되어 있을 청춘의 얼굴들을 그려본다. 그 학교 1회 졸업생이라 더욱 기억에 남는다. 보고 싶다. 사랑하는 제자들아. 그 시절, 그 노래처럼 우리 다시 웃으며 만나자.

일흔, 지금 이 나이도 참 좋다

"첫 졸업생을 가르친 아이들의 얼굴은, 내 마음속에 영원히 꽃으로 피어 있다."

- 싱싱고 단상

7

Shall we dance?

춤으로 건강을 다지는 내가 되기까지 거슬러 올라가니, 그 시절의 리듬이 되살아난다. 대학 졸업 후, 50년 만에 반창회가 열렸다. 친구의 펜션에서 모인 우리는 현수막 속 커다란 글씨를 보며 순간 울컥했다. −Again 1973년 졸업 50주년− 체육 · 무용반 추억 캠프. 50년 전 그날처럼 설레는 마음으로 나는 그 자리에 섰다. 친구들의 정성에 감탄하며 우리는 모두 한순간에 추억 속으로 빨려 들어갔다.

우리 학교는 초등교사 양성을 목표로 설립된 교육대학이었다. 반 편성도 철저히 교과목별로 나뉘었다. 도덕, 국어, 수학, 사회, 과학, 체육, 음악, 미술, 실과. 영어 과목은 당시 없었다. 나는 바로 그 체육 · 무용반 소속이었다. 그렇다고 체육과 무용만 배웠던 건 아니다. 전 과목을 빠짐없이 배우고 과제도 산더미처럼 쌓였던 시절이다. 특히 음악 반주 실기시험 준비로 음악실 풍금, 즉 오르간 30여 대가 한꺼번에 울리곤 했다. 그 소리는 여름날 매미 소리도 가뿐히 눌렀다.

체육 · 무용반은 다른 반보다 실기시험의 강도가 훨씬 셌다. 예를 들어 어려운 단계 줄넘기를 보자면, 다른 반은 10회만 하면 되는데 우리는 기

일흔, 지금 이 나이도 참 좋다

본이 20회였다. 배구 토스도 2배, 뜀틀 넘기 역시 최고 단수인 7단을 완벽하게 뛰어넘어야 통과였다. 무용반 수업은 더욱 철저했다. 무용복으로 갈아입고 발레슈즈를 신은 채 강당 무용실에서 발레 기초부터 고전무용, 현대무용까지 배웠다. '이사도라 덩컨' 같은 현대 무용가의 이름도 그때 처음 알았다. 학교 축제 때 발표한 현대무용 무대가 아직도 눈앞에 선하다. 초등학생들을 가르칠 땐 율동과 체조가 기본 교육과정이었으니, 자연스레 나의 교직 생활은 매년 가을 운동회의 매스게임과 부채춤, 농악 지도까지 이어졌다. 전교생이 함께하는 중간놀이 체조까지도 내 몫이었다.

세월이 참 빠르다. 벌써 반세기가 지났지만, 몸이 익힌 기능은 절대 사라지지 않는다. 한참 사용 안 한 기계처럼 좀 뻑뻑한 몸도 음악만 나오면 슬그머니 리듬을 타기 시작한다. 나이 들어 즐겁게 춤을 추며 건강을 다지는 일이 이렇게 재미있을 줄 몰랐다. 마침 함께 모임을 주도하는 선생님이 재능기부로 우리에게 춤을 가르쳐 주셨다. 라틴댄스 일명 스포츠댄스로 지금은 국제 대회가 열릴 만큼 탄탄히 자리 잡은 댄스다. 그리고 사교댄스까지, 댄스 의상까지 갖춰 입고 춤을 추다 보면 내 기분은 한 마리 나비가 되어 훨훨 나는 것 같았다. 2019년 동호회 활동에서도 나는 기꺼이 무대에 찬조 출연했다. 그때도, 그리고 지금도 나는 새로운 춤을 배우는 데 주저함이 없다.

요즘은 줌바 댄스로 건강을 다진다. 댄스가 끝나면 곧바로 심박 수를 체크하는데 100~120까지 올라가는 걸 확인하며 '아, 오늘도 내 심장 운동 잘했다'라는 뿌듯함을 느낀다. 일주일에 두 번, 땀이 송골송골 맺히는 유산소 운동으로 나를 다잡는다. 춤은 내게 단순한 운동이 아니다. 삶의 에너지이며, 나를 일으켜 세우는 힘이다. 50년 전 그 시절에도, 오늘 이 순간에도 나는 여전히 음악에 몸을 맡기며 이렇게 외친다. "Shall we dance?"

"하루의 끝, 신나는 리듬 속으로! 피로는 춤으로 날리고 몸과 마음 리프레시!"

- 싱싱고 단상

일흔, 지금 이 나이도 참 좋다

8

청춘을 지나, 신나게 걷다

나이 50이면 '사람이 할 수 있는 일을 다 하고서 하늘의 뜻을 기다린다.'라는 진인사대천명(盡人事待天命)이라 했던가? 내 나이 오십에 지나가는 말로 '나 지금이라도 임신할 수 있으면, 출산휴가 3개월 받고 육아휴직해서 쉬고 싶어.'라는 말을 했다. 내 맘속 소리가 저절로 나왔다. 옛날에는 출산휴가가 고작 한 달이었다.

그즈음 우리 교직 계에서도 명예퇴직 이하 '명퇴' 바람이 불었다. 교직 경력 20년 이상이 되면 명퇴 신청을 할 수 있었다. 최대 남은 10년 동안 보수월액의 50%를 명예퇴직금으로 지급한다는 파격적인 조건이었다. 주변에 이미 명퇴한 동료 교사들이 있었고, 언니와 절친 역시 명퇴를 하여 새로운 삶의 변화에 즐거운 노랫소리가 속속 내 귓가를 맴돌고 있었다.

어느 날 남편의 말

"처형은 참 지혜롭게 처신을 잘해."

"뭐가?"

"명퇴하고 연금 받으며 또 기간제 교사하잖아."

"그럼 나도 명퇴할까?"

"명퇴도 쉽지 않을걸. 심사도 한다는데."

이때부터 내 마음도 술렁이기 시작했다. 슬금슬금 내 맘속에 명퇴 후의 내 인생 설계를 하는 게 아닌가. 명퇴 후의 내 모습을 그려봤다.

첫째. 바쁜 아침 생활을 안 해도 된다.

둘째. 외지에서 대학 다니는 아이들에게 언제나 갈 수 있다.

셋째. 그림을 맘껏 그릴 수 있다.

넷째. 언제든지 명퇴한 친구들과 어울려 드라이브를 할 수 있다.

그 외에도 손가락 열 개가 모자랄 만큼 멋진 삶의 모습이 그려졌다. 내나이 오십에 마음을 굳히기 시작했다. 드디어 명예퇴직 신청을 받는다는 공문이 내려왔다. 망설임 없이 교감 선생님께 의견을 냈고 몇몇 선생님도 함께 신청했다. 그해 마침 나는 교직원 친목회 부회장을 맡아, 60여 명의 교직원 경조사와 여행, 각종 친목 행사를 회장, 총무와 협력하여 맡고 있었다. 그때는 명예 퇴직하는 선생님께 황금열쇠를 퇴직 기념 선물로 드리던 전통이 있었기 때문에 살림살이 규모를 확인하며 마련했다.

모든 업무가 순조롭게 잘 진행되었고 학교생활도 변함없이 일상대로 흘러갔다. 그런데 겨울방학 중 느닷없이 교감 선생님께서 전화로 물으셨다. 명퇴하는 것 마지막 결정을 해야 한다고 하셨다. 왜냐하면, 너무 많은 선생님이 퇴직 신청을 해서 교사 수급에 차질이 생겨, 될 수 있는 한 명퇴를 철회시켜달라는 공문이 교육부에서 내려왔다고 하셨다.

잠시 마음에 혼란이 왔다. 일단 전화를 끊고 잠시 생각에 잠겼다. 이미 명퇴한 언니에게 전화를 걸었다. 제주도 여행 중이라며 "정희야, 또 다른 세상이 펼쳐지니 걱정하지 말고 결정해라." 언니는 참말로 좋은 듯했다. '여행 중이라니, 나도 저렇게 살 수 있겠구나.' 더 마음이 굳어지기 시작

일흔, 지금 이 나이도 참 좋다

했다.

친구에게도 전화했다. 그림을 같이 그리는 친구라 얼씨구나 같이 그림 그리며 놀자는데 망설일 이유가 없어졌다. 바로 학교 교감 선생님께 전화로 내 의견을 말씀드렸다. 학년 말 아이들과 종업식 하는 날에서야,

'아~오늘이 나의 교직 생활 마지막이구나!'

반 아이들과 기념사진을 찍을 때 그제야 가슴 한쪽에서 바람이 썰렁 지나갔다. 종업식을 마치고, 교무실에서 모든 학년 업무를 마무리했다.

언제 만들었는지 '교감 이정희' 명패를 교감 선생님 책상 위에 얹어 놓고, "일일 교감이라도 해야제." 하며 동료 한 분이 결제를 받는 흉내를 냈다. 유머와 재치가 넘치는 동료 교사들 덕분에 한바탕 웃음으로 교무실을 나와, 명예 퇴임식과 전출 선생님의 이임식 장소로 옮겼다. 예식장 홀을 빌려 성대하게 치러 주니 너무나 감격스러웠다. 완전 교장 선생님 퇴임식 같은 행사로 진행, 케이크 커팅식과 노래방 기기까지 준비, 완전 축제장이 되었다. 이 행사의 당사자가 내가 아니라 다른 사람 퇴임식에 동참해서 즐기는 기분이었다. 결과적으로 명퇴는 나 한 사람이었다. 다른 선생님은 명퇴를 철회하셨다.

출산휴가를 받고 싶었던 심정으로, 나는 교직 생활 25년을 명예롭게 마무리했다. 내 청춘을 바친 교단을 떠나는 발걸음에 찬란한 햇빛이 비치는 듯했고, 내 인생의 두 번째 막이 조용히 열리고 있었다. 퇴장은 끝이 아니라, 나를 위한 새로운 시작이었다.

> "청춘은 지나도, 인생은 여전히 새로운 꿈으로 설렌다."   - 싱싱고 단상

9

다시 피는 설렘, 아이들 곁에

2001년 내 인생은 새로운 출발선에 서 있다. 3월 신학기의 설렘과 바쁨이 이젠 남의 동네 이야기인 듯, 출근하는 남편을 배웅하는 드라마 한 장면이 현실이 되었다. *"당신 오늘부터 편안하게 쉬니 좋겠네."* 좋다는 말인지 샘이 난다는 말인지. 모두 포함된 뉘앙스다. 베란다 문을 열고 남편의 차가 스르륵 움직이는 것을 보고, 아이들이 올망졸망 가방 메고 등교하는 모습을 지켜보았다. 내가 지금 여기에 있는 것이 맞는지 현실감이 아직 모호하다.

그런 생각도 잠시, *"얏 호! 이젠 자유다!"* 나의 주특기가 정리정돈과 청소하기다. 며칠 동안 온 집안을 벌집 쑤신 듯 안방부터 아이들 방, 서재방 정리에 주방과 베란다, 수납장, 신발장까지 신나게 정리정돈을 했다. 평소에도 정리를 잘했지만, 이젠 필요 없는 물건이 된 교직 생활의 자료들과 출근복들을 정리하고, 추억될 만한 것들만 파일에 보관하며 단순하게 살기로 하니 날아갈 것만 같았다.

내 인생의 리셋! 춘삼월 호시절이란 말과는 의미가 다르지만, 춘삼월이 어떻게 지나갔는지 눈 깜짝할 새 지나간 듯하다. 교사들은 말한다. 삼월 한 달 질서를 잘 잡으면 일 년이 편하고, 학교 업무 반은 한 거나 마찬가지라고. 그만큼 삼월의 비중이 크다는 말이다. 그런데 나는 학교가 아닌 집에서 한 달을 보내고 나니 왠지 모르게 허전하다.

이런 기분은 처음이다. 방학 한 달 보낼 때는 다음 개학 때까지 아이들과 잘 놀고 맛있는 것도 해주고 하루하루가 아까운 듯 열심히 똑딱똑딱 살림했다. 시간을 허투루 보내고 정작 나를 위한 단단한 성취 하나 없이 허무한 마음만 가득했다. 그렇게 하고 싶었던 평일 대낮에 백화점 쇼핑도, 막상 가보니 쇼핑하고 싶은 맘이 사라졌다. 오히려 이 대낮에 할 일이 없는 사람처럼 지내는 나를 자책하고 있었다. 참 바쁘게 살아온 후유증이 군데군데서 나타난다. 그림도 옛날처럼 저녁 시간에 모여 그리고, 지인들은 여전히 현직에 있으니 모임 약속도 저녁에 잡혀있다. 그야말로 낮에는 백수 상태다.

발행 연도는 자세히 모르지만, 최명희 작가의 『혼불』 전집 10권과 조앤 K. 롤링의 『해리포터 시리즈』, 유홍준 작가의 『나의 문화유산답사기』 등 독서를 하며 보낸 기억이 난다. 그러던 어느 날 마지막 근무했던 학교 교장 선생님께서 전화로 다짜고짜 "요즘 어디 나가느냐?" 라고 물으셨다. "아니요 그냥 놀고 있습니다."라고 대답했더니 잠시 교장실에서 만나자고 하셨다.

'무슨 일인가? 훈장이라도 주시려고?' 지금도 퇴직교사의 교직경력에 따라 정부에서 주는 훈장이 있다. 교장 선생님께서 부탁이 있다며, 가만히 생각하니 이 선생이 적격이라 추천하고 싶다는 말씀을 하셨다. 시립어린이집 운영에 꼭 필요한 시설장을 내가 맡아줄 수 있는지 의향을 물으셨다.

위탁받아 운영하는 시립어린이집 지인의 부탁을 받고 시설장 구하기에 적극적으로 나섰던 교장 선생님. 갑작스럽기도 했고, 불과 몇 달 전까지 상사였던 분께, 바로 대답을 드리기도 어려워 머뭇거렸다. *"집에 가서 좀 더 생각해 보시고 전화로 알려주세요."* 아이구나, 또 공이 내게로 넘어왔다.

집에서 곰곰이 생각해 보니 나는 어린아이들을 너무 좋아했다. 내 동생부터 조카들 그리고 내 아이까지 아이들과 잘 놀아주는 내 성향에 딱 맞는 직업이 아닌가. 옛날 시골의 초등학교 병설 유치원에서는 초등 교사가 오후에 유치원교사 역할을 했었다. 주로 2학년 담임이 오전에는 학급 어린이를 가르치고, 오후에는 유치원 아이들과 활동을 했다. 유사직종에서 10년 이상 근무하면 시설장 자격이 있다고 관련법에 있다. 한 달겨우 쉬고 나의 새로운 직장으로 출근했다. 와우 정말 초등학교와는 확연히 다른 시스템이다. 시설장은 모두를 총괄하고 책임을 지는 자리라 어깨가 무겁다. 유치원 교사 자격증은 없지만, 몬테소리 교육과 교사 연수 등을 통해 배우며 시설장 역할을 해냈다. 지금도 그때의 사진을 보면 젊음과 열정이 묻어 있다.

유아들의 안전생활이 최우선이라 차량운행의 안전을 위해 하루 두 번은 긴장을 놓을 수 없다. 너무 귀여운 아이들이 도착하면 얼굴부터 살핀다. 아이들의 건강상태를 점검하고 방긋 웃으며 반갑게 맞이한다. 분리불안 심리를 해소해 줘야 쉽게 신발을 벗고 담임선생님께 달려간다. 정원에서 유아들이 재잘거리며 모여 노는 소리, 둥근 탁자에 옹기종기 모여 이름표 붙은 자기 자리에 앉아 오물오물 간식 먹는 모습이 너무나 사랑스러웠다. 음식 먹기 힘든 유아에게 일일이 떠 먹여주는 선생님 모습도 엄마의 마음이었다.

재미있는 활동을 준비하는 교사들의 노력은 가히 짐작도 못 할 만큼 손 가는 일이 많았다. 어린이집에 근무하는 모든 분이 각자의 역할에 충실하셨다. 기본적으로 아이들을 사랑하는 마음으로 늘 다정하게 말을 걸고 눈을 맞추며 웃었다. 나 역시도 아이들의 자유 놀이 시간엔 함께 놀아주고, 안아주며 즐겁게 시간을 보냈다.

어린이집 교사의 고충이 하나 있었다면, 바로 퇴근 시간이다. 어린이집 버스로 하원하는 아이들이 모두 가더라도 부모님이 직접 데리러 오는 아이들은 부모님이 오실 때까지 보호해야 했다. 사정이 생겨 학부모님이 늦으면 선생님들은 하염없이 기다려야 했다. 초등학교 교사들이 퇴근할 때 학교 주변의 유치원에 불이 켜져 있는 것을 보고, 유치원 선생님들은 아직도 퇴근하지 않고 무슨 일을 하는지 궁금했는데, 아이들 다 귀가시키고 나면 또 다른 일이 기다리고 있었다. 교구 만들기, 생일축하 카드 쓰기, 장식물 제작하기 등….

유치원 선생님들의 노고가 이만저만이 아니라는 것을 알았다. 그리고 쉬는 시간도 없음을 알고 기절초풍이라는 말은 이럴 때 쓰는 거로 생각했다. 선생님이 화장실 간 사이 순간의 실수로 아이가 다치기도 한다. 아이들끼리 장난감으로 싸우거나 하는 일을 미리 방지하기 위해 잠시도 자리를 비울 수 없다. 옆의 동료 교사에게 꼭 부탁하고 다녀와야 된다. 시설장이라 직접 아이들과 활동은 안 해도 조리사와 식자재 장보기, 시설 운영에 필요한 자재구입, 원내 물품들의 AS 처리, 각종 행사 대표로 참석하기 등 역할이 다양했다.

다른 직종의 겉모습만 보고 '누구는 좋겠다, 나만 힘들고 다른 사람들은 편안해.' 하고 생각했던 어리석은 편견을 깰 수 있었다. 특히 학교에서 보건교사나 유치원교사를 부러워했다. 보건교사의 말에 의하면 "선생님은 반 아이들만 관리하면 되지만, 보건교사는 전교생을 관리할 뿐만 아니라 교직원의 건강관리도 해야 해요. 선생님들은 수업 마치고 쉬는 시간도 있지만, 보건교사는 쉬는 시간이 더 바빠요. 그리고 방과 후 운동장에서 놀다가 다치면 모두 보건실로 오니 퇴근 시간까지 쉬는 시간이 없어요." 듣고 보니 정말 쉬운 직업은 없구나 싶었다. 신종플루니 코로나니 감염병이 나돌 땐 더욱 바빠지는 보건교사들의 고충도 있었다. 유치원교사와 보건교사의 고충을 알고부터 직업의 귀천도 없지만 편하기만 한 직업도 없음을 깨달았다. 나의 적성과 보람을 느낄 수 있다면 언제 어디서 무슨 일을 하더라도 정성껏, 양심껏, 능력껏. 성실하게 하자고 다짐했다.

나는 정식으로 시설장을 구하기 전 임시 계약직이었기 때문에 8월 말, 5개월의 체험 삶의 현장을 떠났다.

"모든 직업은 존중받아야 하며, 그 안에 담긴 진심과 노력을 인정해야 한다."

- 싱싱고 단상

10

엄마, 내 결혼식은 해줘야지

전 국민을 흥분의 도가니로 몰아간 2002 한일 월드컵 축구 경기는 우리나라 역사에 길이 남아 지금까지 회자되고 있다. 우리나라에서 열리는 세계 본선 축구 경기인지라, 평소 크게 축구에 관심이 없었어도 저절로 화면에 눈이 갔다. 마침 서울에 있는 아들과 함께 잠실 한강 둔치에 큰 스크린을 세워두고 방영하는 화면을 보며 응원을 했다. 폴란드전. 우리나라와 첫 경기다. 구름떼처럼 모인다는 말이 실감 났다.

골~~인!!!

우리나라 황선홍 선수의 첫 골이다! 두 번째 골은 유상철 선수가 해냈다. 2:0 완전 승리의 쐐기를 박았다. 월드컵에서의 첫 승리다. 국민의 응원 함성이 한반도를 들썩이기에 충분했다. 아들이 있는 잠실 송파 거리도 밤새도록 대한민국을 외치는 소리와 자동차 클랙슨 소리로 가득했고, 붉은 악마들이 온 도시를 축제의 장으로 만들었다.

전국 곳곳의 종합운동장을 막론하고 대로를 막고 대형 스크린으로 축구 경기를 중계하는 나라가 전 세계적으로 처음이라는 뉴스도 신기했다. 붉은 티셔츠와 'Be The Reds!'가 쓰여 있는 머릿수건은 악마 얼굴이 힘을 솟게 만드는 부적 같은 느낌이었다. 그 열기, 그 함성과 장면들이 아직도 귀에 쟁쟁, 눈에 선명하게 박혀 있다. 5.31~6.30 한 달 동안 전 세계인의 이목이 쏠린 대한민국이 이렇게 자랑스러울 수가 없었다. 88서울올림픽 이후 세계의 눈을 집중시킨 2002 한일 월드컵은 4강의 신화를 만들고 우리나라 국민 자긍심을 높여 주는 터닝 포인트가 되었다.

내 인생의 터닝 포인트!

어린이집 시설장을 그만두고 다시 기간제 교사로 근무를 시작했다. 호봉 높은 교사가 한 명 퇴직하면 젊은 교사 2.7명을 임용할 수 있다는 그때의 교육부 정책, 단순 계산으로는 그럴듯했다. 그러나 초 · 중 · 고 교사들의 대거 퇴직에 교육부도 기간제 교사라는 명칭 아래 계약직 교사를 임명하고 학교로 다시 보내는 해프닝이 벌어졌다. 그리고 학사 출신의 일반인도 교육대학 3학년에 편입시험을 치게 하여 교원을 양성하는 제도가 생겼다.

명예 퇴직한 선생님들 대부분은 다시 교단으로 돌아갔다. 그 무렵 교육청 장학사님으로부터 안부 전화를 받았고, 선생님이 필요한 학교가 있다며 한번 나가 보면 어떻겠냐는 권유를 받기도 했다. 그렇게 나 역시 1년도 채 못 쉬고 기간제 교사로 근무를 시작했다. 기간제 교사의 좋은 점은 학급 아이들의 수업과 생활지도에 중점을 두니, 다른 업무로 시간을 뺏기지 않는다는 것이었다. 가르치는 즐거움을 온전히 즐길 수 있었다.

2004년 기간제 교사로 6학년 담임을 맡고, 반 아이들과 호흡이 척척 잘 맞아 즐겁게 수업을 했다. 특히 체육 시간을 꼭 지켜주는 선생님이라

일흔, 지금 이 나이도 참 좋다

고 아이들이 모두 좋아하며 잘 따라 주었다. 졸업여행과 6학년 졸업사진까지 때맞춰 추진하는 모든 일정이 순조롭게 잘 진행되었다. '역시 나는 고학년이 말도 통하고 재미있네.' 내 맘은 그랬다. 이젠 사춘기가 초등 5학년부터 시작한다고 하는데 아무튼 말썽 없이 잘 지냈다.

그런데 이 아이들과 졸업 때까지 함께 할 수 없는 사건이 생겼다. 교직원 건강검진에서 이상소견이 있다고 정밀검사를 하란다. 활력 넘치는 활동으로 주변에서 에너자이저라는 별명까지 얻었는데 이상했다. 왠지 입안의 염증으로 약을 발라도 잠시 낫는가 싶다가 다시 재발, 커피를 마시면 입안 한 군데가 아니라 몇 군데가 따끔했다. 지금 생각하니 면역력이 떨어진 것이다.

내가 검진받기 전부터 남편은 교직원 건강검진 할 때 동료 교사들에게 대장 내시경을 꼭 해보라고 권유했다. 그중 선배 한 분이 검사를 받고 정말 다행히 조기에 발견되어 수술과 치료를 잘 마치고 건강을 되찾았다고 했다. 그 이야기를 들은 많은 동료가 용기를 얻어, 그동안 미뤄왔던 검사를 하는 분이 많았다. 나 역시 이번엔 마음을 다잡고 우리 지역에서 이 분야에 명의로 손꼽히는 선생님께 검사를 받았다. 수면내시경으로 대장 검사를 했다. 잠을 깨고 정신을 차렸더니, 의사 선생님이 컴퓨터 화면을 보여주시며 설명해 주셨다.

"수술해야겠네요."
"어머나 제 몸에 칼 댄 적 없는데요."
"이제 와서 비키니 입을 거요?"

사진에 꼭 멍게 껍질 같은 혹이 세 개 나란히 붙어 있었다. 난생처음 내 대장 속을 봤다. 사실은 친정엄마도 대장암으로 돌아가셨다. 그때 막냇동생이 대구동산병원에서 일반외과 의사로 근무 중이라, 엄마의 수술을 맡아 집도했다. 수술 끝난 후 돌아서서 눈물을 흘리며, *"엄마 시한부 6개월이야."* 지금도 그때의 장면을 생각하니 눈물이 맺힌다.

엄마의 관련한 가족력을 의사 선생님께 말씀드리고 검사 결과 CD를 받았다. 동생 병원으로 남편과 함께 갔다. CD를 보더니 *"수술해야겠네. 1기쯤 되는 것 같은데."* 이제야 발등에 불이 떨어졌다. 동생은 개업한 개인병원이라 큰 수술은 안 되기에 인맥을 다 동원했다. 이럴 땐 집안에 의료계 종사하는 사람이 있음이 다행이다 싶었다. 서울에 큰 병원 수간호사로 근무하는 시누이에게도 전화했다. 또 우리 남편의 권유로 대장암 조기 발견으로 치료를 받은 선생님께도 연락했더니, 자기 담당 의사 선생님을 소개해 주셨다. 일사천리로 수술 날짜가 잡혔다.

서울아산병원이 우리 아들 사는 곳에서도 가깝고, 동서울시외버스 터미널에서 가까워 진료받기 수월했다. 그땐 KTX가 없을 때라 우리 집에서 가자면 5시간을 길 위에서 보내야 했다.

2004.8.13일 금요일 오전 첫 수술
7:30 썰렁한 수술실
8:30 입원실 방
근데 수술 침대가 따뜻하다. 눈으로 온갖 집기들을 살펴보며 영화의 한 장면을 떠올리고 있을 때, 의사 선생님들과 수술실 전문 간호사님이 들어오셨다. 이름을 확인했다. *"산소마스크에요."*라는 말을 마지막으로 들었다.

눈떴을 땐 병실 내 침대로 와있었다. 8시 30분. *'아니 벌써 끝났나??*
이렇게 빨리 끝나다니, 혹시 수술 불가?' 살짝 불안했다. 집도하신 의사
선생님과 따르는 의사 선생님 5~6분이 회진하시면서 내가 입을 떼기도
전에 *"S 결장암*[12] *1기는 방사선 항암 안 해도 돼요!"*라고 하셨다. 딸이 그
때 곁에서 극진 간호를 하며 *"엄마는 내 결혼식은 해줘야지."*라는 말을
했던 기억이 난다.

지금 생각해도 놀라울 만큼 그때 나는 상황의 심각성을 깊이 받아들이
지 않았다. 오히려 농담을 던지며 주변을 웃겼고, 옆 침대 환자는 *"수술
자리가 당겨요. 제발 웃기지 말아요!"* 하며 웃음을 터뜨릴 정도였다. 그
때 수고 많았던 우리 딸, 그 은혜의 값을 톡톡히 갚고 있다. 지난해 여름
방학엔 중학교 1학년 외손자를 데리고 해외여행 겸 미국에 사는 외삼촌
가족과 만나 사촌들과도 정답게 어울렸다. 2002년, 온 국민이 하나 되어
뜨겁게 응원했던 월드컵 4강 신화는 우리나라 축구 역사에 길이 남을 터
닝포인트였다면, 내 인생의 터닝포인트는 암 수술이었다. 수술 후 시작
된 새 삶으로 손주들을 보며, 20여 년 동안 나는 여전히 활기차고 내 삶
을 스스로 멋지게 만들어가고 있다. *"엄마, 내 결혼식은 해줘야지!"* 그 말
이 나를 살렸다.

> "사랑은 가장 깊은 어둠 속에서도 빛나는 희망이다. 그 빛이 있어 인생은 다시 시작
> 된다."
> **- 싱싱고 단상**

---

12 대장의 결장에서 발생하는 암을 말하며 대장 점막이 있는 결장의 어느 곳에서나 암이 발생할 수 있
지만 가장 자주 암이 생기는 부위는 S상 결장이다.

싱싱고의 인생 타령

2장: 웃음 타령

사람으로 태어날때 울음보를 터뜨려야
폐활동이 정상작동 좀더자라 방긋깔깔
웃음보를 터뜨려야 정상발달 확인되네
우리몸속 오장육부 어떤모양 알지마는
웃음보는 모양없어 마음속에 자리잡고
터질날을 기다리네

웃음어원 알고보니 높고높은 깨달음을
웃음이라 한다하니 깨달음은 도통이라
자주웃고 도통하소 웃음효과 이만저만
기분전환 긍정사고 건강증진 면역강화
스트레스 수치감소 행복홀몬 활성되어
인간관계 공감능력 긴장완화 유연사고
내감정이 행복하네

웃을일이 없다고라 시무룩한 표정말고
재미있는 유머감각 어디있나 찾아보고
가족먼저 웃겨주고 내가먼저 웃을일을
만들면서 살아보세

웃음기술 쉽지않아 온갖궁리 하지마는
내가먼저 웃는연습 아침기상 거울보고
싱긋방긋 내게인사 오늘하루 기대되는
선물받아 감사하네 가족에게 좋은선물
웃음선물 제일이라

내주변의 웃음메뉴 찾아보면 노다지라
긍정멘트 상대존중 칭찬일색 한마디면
누이좋고 매부좋고 개그맨을 흉내내어
손하트를 항상장착 자주자주 사용하소

집안의해 밝아지게 아내부터 웃겨야지
아내웃음 집안밝음 엄마아빠 웃을때에
온가족이 웃음가득 아이들도 행복하네~ 얼쑤

두 번째 삶을
만끽하기

다시 시작할 용기, 두 번째 봄

"나이는 숫자일 뿐이다.
진짜 인생은 지금부터다."
- 소피 로렌

1

나이 들어도 늙지 않는 마음

오늘 아침 TV를 보다가 며칠 전 다 읽은 책이 떠올랐다. 바로 『당신의 뇌는 나이 들지 않는다』라는 책이다. 제목부터가 마음을 사로잡았던 책이었다. 뇌는 쓰기 나름이고, 평생 변화하며 성장할 수 있다는 책의 메시지가 오늘 방송에서 본 장면과 절묘하게 맞아떨어졌다.

방송에서는 100세 노모와 80세 아들이 함께 지내는 모습을 담았다. 80세면 우리 사회에서 노인으로 충분히 분류될 나이지만, 그는 여전히 '아들'이었다. 어머니의 식사, 산책, 약 챙기기까지 세심히 돌보는 모습이 참 따뜻했다. 하지만 그 무엇보다 인상 깊었던 건 어머니의 일상이다. 노모는 아침에 일어나면 스트레칭을 하고, 텃밭을 돌아보며 아침 반찬거리를 챙기고, 이웃과의 먹거리도 아낌없이 나누며, 틈틈이 짧은 글을 쓰거나 손주들에게 전화를 걸어 안부를 물었다. 눈이 침침하고 다리가 불편할 법도 한데, 오히려 아들을 걱정할 정도로 어머니는 씩씩하고 긍정적이었다.

책에서는 뇌의 노화를 막는 가장 좋은 방법으로 '끊임없이 배우고, 호기심을 가지고, 사람들과 교류하라'라고 강조했다. 단순히 퍼즐이나 퀴

즈를 푸는 것만으로는 충분치 않다고 했다. 새로운 경험, 새로운 배움, 타인과의 소통이야말로 뇌를 젊게 유지하는 비결이라고 했다. 방송 속 100세 노모는 그 좋은 예였다. 세상에 마음을 닫지 않고, 몸이 허락하는 한 계속 움직이고, 가족과 소통하며 사는 모습은 책에서 말하는 '늙지 않는 뇌'를 그대로 보여주었다.

생각해 보면 나도 종종 메모하다가 흐름이 끊겨 막힐 때가 있다. 예전 같지 않다는 생각에 순간적으로 뇌의 시냅스 연결망이 퇴화하는 게 아닌가 생각했다. 무언가를 가지러 갔는데 '내가 여기 뭘 가지러 왔지?'라며 다시 오기 전 자리로 되돌아가면, 금방 필요한 것이 생각났다. '맞다 이것 가지러 왔지!' 하며 머리를 콩 때리는 시늉을 한다. 하지만 그럴 때일수록 포기하지 않고 조금 더 메모를 이어가 보고, 글로 정리해 보려는 노력이 필요하다는 걸 깨닫는다. 화이트보드를 벽에 걸어놓고, 검정. 파랑. 빨강 마크 펜을 준비해서 그날의 주요할 일을 기록하며 차근차근 실행하는 습관이 필요하다.

요즘 나는 블로그에서 남녀노소 불문하고 서로 소통하는 '싱싱고'라는 아바타로 인생 후반기를 가장 활발하게 지내고 있다. 이 또한 뇌의 노화를 막는 좋은 방법이라고 생각하니, 내 삶을 내가 만족시키며 살고 있다는 데에서 큰 행복을 느낀다. 젊은 사람들과의 교류, 나와 비슷한 세대와의 공감, 그 모든 순간이 나를 젊게 만든다. 이제 나는 나 자신에게 작은 실험을 해보려 한다. 매일 한 줄이라도 메모를 남기고, 책을 읽고, 궁금한 게 있으면 찾아보는 것이다. 주변 사람들과 이야기를 나누고, 때로는 젊은 세대의 문화를 기웃거려보며 낯선 경험을 두려워하지 않으려 한다. 그 작은 습관들이 쌓여 언젠가 나도 100세 노모처럼 활기차고 씩씩한 노년을 맞이할 수 있지 않을까 기대해 본다.

결국, 인생은 '*어떻게 늙어갈 것인가*'의 문제다. 아무것도 하지 않으면 뇌는 퇴화한다. 하지만 작은 배움, 작은 시도, 작은 대화들을 계속 이어 간다면 우리는 충분히 멋지고 젊은 노년을 보낼 수 있을 것이다. 오늘의 방송과 책, 그리고 나의 싱싱고 활동이 내게 준 선물은 바로 그 믿음이었다. 나이 드는 것을 두려워하지 말고, 오늘도 한 줄 메모, 한 권의 책, 한 번의 대화를 실천하며 저속 노화에 발걸음을 맞추려고 한다.

'*나이 들어도 늙지 않는다.*'라는 말은 신체의 시간은 거스를 수 없지만, 마음과 뇌는 얼마든지 젊음을 유지할 수 있다는 뜻 아닐까.

"젊음은 신체의 상태가 아니라, 정신의 상태다."   **- 사무엘 울먼**

2

붓끝에 피어난 나의 두 번째 인생

은퇴 후, 내게 주어진 시간은 말 그대로 '선물'이었다. 이제야말로 하고 싶은 것을 마음껏 해보리라, 밤마다 기와집 열두 채를 짓는 꿈을 꾸며 설 렜다. 그러던 어느 날, 백화점을 갔다가 우연히 찾은 문화 공간 문 앞에 수북이 놓인 꽃 화환들이 발걸음을 붙잡았다. 호기심 어린 눈길을 보내 자, 환하게 웃는 한 분이 다가와 말했다.

"한번 들어와 구경하세요."

문 안으로 들어선 순간 숨을 삼켰다. 화려하면서도 정겨운 그림들이 눈앞에 펼쳐졌다. 사극 드라마의 배경으로 익숙했던 그림들, 바로 '민화' 였다. 처음엔 조심스레 한 바퀴 휙 돌고 나왔지만, 마음 한구석에서는 조 용한 파문이 일고 있었다. 어릴 적 할머니 집의 다락방 미닫이 양쪽 문 에 그려져 있던 민화 그림도 떠올랐다. 민화 그림이 나를 부르는 듯, 그 날 이후 나는 민화 수업에 등록했고 매주 화요일 화실로 출근했다. 동호 회 이름도 화요일 민화를 그리는 모임이라 '화민회'라고 했다. 모두 열심 히 화선지에 밑그림을 그리고, 색을 섞어가며 농담을 달리하여 꽃잎 한 장 한 장 온 마음을 담아, 그릴 때마다 손끝에서 피어나는 꽃들이 환하게 웃는다.

민화의 첫걸음은 모란꽃이었다. '한 송이 국화꽃을 피우기 위해 / 봄부터 소쩍새는 그렇게 울었나 보다.' 그 시처럼, 나 또한 붓을 들기까지 오랜 시간을 준비해온 듯하다. 그 시를 떠올리며 나도 이렇게 변주해본다. '한 송이 모란꽃을 피우기 위해 / 내 마음은 봄부터 붓끝을 적시고 있었나 보다.' 물 조절이 제일 어려워 조금만 많아도 퍼지고, 너무 적으면 붓이 쓸리지 않는다. 붓을 물감에 적실 때마다 번져가는 고운 색들이 마치 마술사의 손끝에서 활짝 피어나는 꽃송이 같다. 하얀 화선지 위에 붉은 모란이 피어나고 노란 국화가 햇살처럼 퍼지며, 연한 연꽃이 조용히 숨을 쉬었다. 그림 속으로 빠져들 때마다. 나는 심연으로 들어간 잉어처럼 자유로웠다.

시간이 흘러 내가 그린 〈초충도〉 병풍과 〈백수백복도〉 가리개는 손주들의 백일과 돌잔치 때 소중한 배경이 되어 주었고, 〈일월오봉도〉는 지금도 우리 집 거실의 벽면 한가운데를 장식하고 있다. 궁궐의 임금님 어좌 뒷면처럼 우리 집에서는 가족 모두가 왕처럼 살아가는 기분을 내보라는 의미다. 그 외에도 부채, 손거울, 반짇고리, 화초장, 팔각 쟁반과 팔각상 등 민화로 표현할 수 있는 다양한 공예품을 정성껏 만들었다.

주변의 친인척들께 선물로도 드리고, 특히 미국 있는 손주들이 학년을 마칠 때 선생님께 작은 거울을 선물로 드렸더니 동양의 예술품이라며 좋아하셨다고 했다. 작고 소박한 생활용품들에도 민화의 빛과 이야기를 담으며, 우리 집을 환하게 장식장을 채우고 있다. 무엇보다 소중한 것은 그때 붓을 들고 함께 웃고 삶의 지혜를 나누며 전시를 준비하며 설레었던 날들. 그림과 함께 피어난 인생의 도반이 되어, 여전히 함께 여행을 떠나고, 서로의 삶을 응원하며 웃는다. 붓끝에 담긴 꿈과 설렘이 고운 빛깔로 소중한 그림으로 완성되듯이, 내 삶도 민화처럼 곱게 피어나기를 소망해 본다.

> "붓끝에서 펼쳐지는 새로운 인생, 두 번째 봄을 맞을 준비가 되어 있을 때 삶의 또 다른 꽃을 피운다."
>
> **- 싱싱고 단상**

민화 〈일월오봉도〉 해와 달, 다섯 개의 봉우리를 그려 왕권의 영원함과
천지의 조화를 상징하는 궁중 장식화 (화선지 전지 한국화 물감)

일흔, 지금 이 나이도 참 좋다

3

나의 위시리스트, '캘리그라피'

2024년, 위시리스트 중 네 번째. 바로 '캘리그라피' 배우기였다. 종이에 써 놓은 위시리스트는 시작도 못 한 채, 볼 때마다 저거 *'언제 하지, 언제 하지.'* 자꾸만 문자가 나를 노려보며 보채고 있는 듯 했다. *'그래그래 곧 할게'* 첫발을 내디딜 용기를 내어 가까운 곳의 문화센터에 갔다.

인기 강좌는 금방 인원이 마감된다는 소문을 들었다. 신청받는 날 일찌감치 집을 나서 9시 이전에 갔더니 벌써 줄을 서 있었다. 가슴 떨리는 일을 여기서도 느꼈다. 강좌에 등록하고 3개월 과정으로 매주 수요일, 80분간의 수업으로 이루어졌다.

날짜를 세어보니 딱 10번의 수업, 그야말로 기초부터 시작하는 과정이다. 첫날 수업은 모든 준비를 강사님께서 해오셨다. 아직 준비물 안내도 받기 전이라 손엔 아무것도 없었지만, 그 대신 손에 쥔 건 설렘이었다. 함께 시작할 회원들 표정도 배움의 설렘으로 가득 차 보였다.

나무젓가락 하나, A4용지 한 장. 그리고 공동으로 사용하는 검은 먹물

한 접시, 그 단순한 조합이 이렇게 특별하게 느껴질 줄이야. 나무젓가락 끝에 먹을 찍어 조심스럽게 줄긋기부터 시작했다. 강사님의 감각을 익히라는 설명을 들으며 가로, 세로, 사선 긋기, 동그라미 그리기, 곡선 그리기 등. 아이들 낙서하듯이 서툰 손끝에서 번지는 먹물 향기에 기분 좋은 놀이를 한 듯했다. 어릴 적 학교 운동장에서 친구들과 가위 바위 보를 하며 나무 막대기로 이름 쓰기 놀이가 떠올랐다. 자기 이름 획 하나씩 써가며 완성되면 이기는 놀이. 획수가 적은 아이가 있어도 개의치 않고 가위 바위 보로 승부를 내니 서로 다르지만 공평한 놀이다.

Calligraphy—글자를 아름답게 쓰는 기술.

단순히 예쁜 글씨가 아니라, 마음을 담은 손 글씨. 기계가 아닌 내 손에서 나오는 개성 있는 선과 리듬, 한 땀 한 땀 수를 놓듯 한 획을 쓸 때마다 먹물 향기와 배움의 향기가 겹쳐진다. 시간이 지날수록 글꼴이 제법 모양이 잡혀가고, 내 글씨에도 나만의 온기가 스며들고 있다. 캘리그라피를 배우며 또 한 번 한글의 아름다움에 감탄하고, 세종대왕님께 감사한 마음이 저절로 생긴다. 과학적인 것은 물론 완벽한 예술작품임을 인정 안 할 수가 없다.

어느새 10번의 수업 마지막 날이다. 그동안 배운 것을 모아 하나의 작품으로 만드는 날. 조심스럽게, 그러나 어느새 익숙해진 붓놀림으로 나는 이렇게 써 내려갔다.

"잘했고, 잘하고 있고, 잘할 거야."

지나온 나에게, 지금의 나에게, 그리고 앞으로 나아갈 나에게 진심 어린 응원이다. 그 문장을 쓴 캘리그라피 액자를 집안의 가장 잘 보이는 자리에 두었다. 힘이 들거나 지칠 때마다, 그 글을 읽고 다르게도 변주해

본다.

"잘 됐고. 잘 되고 있고. 잘 될 거야." 묵묵히 나아가는 내 걸음에 따뜻한 위로를 건네며, 또다시 다짐한다. 오늘도 내일도 나의 리듬으로, 나의 글씨로 천천히 아름답게 살아갈 것을.

"글씨는 마음의 언어다."   - 괴테

4

블로그도 블록 놀이처럼

한참 동안 조용한 아이를 돌아보면, 혼자 나무 블록을 쌓고 있다. 작은 손으로 조심스레 하나씩 하나씩 자신감 있게 모양에 맞춰 올린다. 어느새 작은 집이 되고, 성이 되고, 때로는 상상 속 무언가로 변신한다. 올렸다가 무너뜨리고, 쌓기를 반복하는 그 순간들. 그 놀이에는 어떤 목적도 정답도 없다.

손녀가 4~5세 무렵일 때의 일이다. 블록은 손녀의 최애 장난감으로 오래도록 가지고 놀았다. 누가 시키지 않아도, 누가 알려주지 않아도 아이는 알아서 놀이의 세계에 빠져들었다. 어느 날은 이런 말까지 한다.

"할머니 지금 집중하고 있으니 말 걸지 마세요."

그 순간, 나는 웃음을 참느라 고개를 돌려야 했다. 집중이란 용어를 어디서 들었는지, 아마 어린이집 선생님이 하신 말을 듣고 흉내 낸 듯하다. 아이의 몰입은 진지하다. 나도 모르게 끼어들고 싶은 유혹이 생기지만, 그 집중모드는 방해해서는 안 된다는 걸 점점 배워간다. 상상의 세계에 푹 빠진 아이를 조용히 지켜보는 일, 또 무슨 놀이에 집중할까 궁금해지기도 한다.

문득 지난 여름방학이 떠오른다. 미국 LA에 사는 아들 집에 중학생이 된 외손자를 데리고 갔다. 미국의 손주 둘과 모두 셋이 여름 캠프에서 2주 동안 창의력과 협동심을 발휘해 멋지게 블록 전동차를 완성했다. 마지막 날 시합장에서 씽씽 달리기도 하고, 상대방 블록 전동차와 맞붙어 싸우기도 하며 모두 놀라며 깔깔 웃었다. 놀이가 단순한 재미로 끝나지 않고, 스스로 설계하고 문제를 해결해 나가는 과정이 중요하다.

그런 교육의 기회를 제공할 수 있는 건, 결국 부모의 관심이고 사랑이라는 것을 새삼 느꼈다. 엄마가 *"이것 갖고 놀아봐."*라고 권하는 것과는 전혀 다른 차원의 몰입이다. 스스로 만든 규칙과 스스로 시작한 놀이 속에서 아이는 웃고, 집중하고, 배워간다. 놀이의 본질은 아마 '재미' 일 것이다. 그 재미가 있기에 아이는 같은 블록을 매일 들고 와 또 쌓는다. 어제보다 더 높은 성, 더 정교한 집, 반복되지만 절대 똑같지 않은 놀이다. 그런 순간을 놓칠 수 없어 사진을 찍고 앨범에 저장, 그것도 블록처럼 쌓인다. 그 과정에서 아이는 성장하고, 생각하고, 상상 속에서 자신만의 이야기를 만들어간다.

블로그도 블록 놀이와 닮았다는 생각이 들었다. 처음에는 아무것도 없는 텅 빈 페이지. 그 위에 낱말 하나, 사진 하나, 문장 하나를 올리기 시작한다. 오늘은 어떤 이야기를 쌓아 볼까. 어제 쓴 글 위에, 오늘의 생각을 더 해보고, 가끔은 다 지우고 처음부터 다시 시작하기도 한다. 누군가를 위해 쓰는 것 같지만, 결국은 나를 위한 글, 놀이처럼 목적 없이 시작했는데, 어느 순간 마음이 정리되고 기억이 선명해지고, 글이 쌓인다.
아이의 블록처럼 나의 블로그도 쌓여간다. 무너뜨려도 괜찮고, 다시 쌓아도 좋다. 그러니 나는 오늘도 글을 쓴다. 블로그라는 블록 위에 조심스럽게 나의 일상을 얹는다.

"벽돌 한 장씩 쌓여 집이 되듯이, 하나씩 쌓아 올린 글이 나만의 세상을 만든다."

- 싱싱고 단상

일흔, 지금 이 나이도 참 좋다

5

유화, 그림물감에 젖다

오랜만에 동네를 한 바퀴 돌다 담장 위에 흐드러지게 핀 능소화를 보았다. 한여름의 뜨거운 햇살 아래, 주홍빛 꽃이 담장 밖으로 조용히 고개를 내밀고 있었다. 순간 오래된 기억이 불쑥 떠올랐다. 예전에 유화 물감으로 그리다 만 능소화 그림이 생각났다. 농장 갤러리 한 구석에 세워둔 채 먼지만 덮고 있던 그 캔버스를 다시 꺼내 보았다.

분명 미완성이라고 생각했는데, 어디가 덜된 건지 한참을 들여다보아도 감이 잡히지 않는다. 완성된 그림은 꼭 연도와 사인을 남기곤 했는데, 이 그림에는 없다. 그러니까 나 자신도 '완성'이라고 인정하지 못했던 거다. 하지만 그 미완성조차 지금의 나에겐 충분히 완성처럼 느껴진다. 유화를 처음 그리게 된 건, 지금으로부터 40여 년 전인 1983년 겨울이었다. 교육청에서 열리는 학년 말 교직원·학생 미술 전시회에 출품할 작품을 준비하라는 공문이 내려왔다. 마침 그해 나는 방과 후 고학년 수채화 지도를 맡아 각종 사생대회에 학생들을 출전시키며 지도 교사상까지 받았던 터였다. 그러니 당연히, *"선생님이 내셔야죠."*라는 말이 명령처럼 들려왔다.

아이들을 가르치는 것과 내가 직접 그림을 그려 출품하는 건 전혀 다른 일이다. 남들 앞에 내 작품을 선보인다는 두려움에 방학의 즐거움이 싹 사라졌다. 그 걱정을 눈치챈 선배 교사 한 분이 지역의 화가 선생님을 소개해 주셨다. 얼떨결에 선배와 함께 화실을 방문하고, 준비물 목록을 받고 레슨 날짜까지 정한 뒤, 화방으로 가서 유화 도구를 한 아름 사 들고 나왔다.

그 겨울방학 40여 일 동안, 나는 유화의 기초부터 배웠다. 선생님은 사진을 보고 따라 그리는 '임화'를 중심으로 지도를 해주셨다. *"어디서 그림 좀 배웠어요? 감각이 있어요."* 처음 듣는 칭찬에 어깨가 으쓱해졌다. *"학교 다닐 때 수채화를 좀 했습니다."* 라고 대답했지만, 그 속엔 수많은 과제와 시행착오가 얽혀 있었다.

교육대학 시절, 매주 두 장의 수채화를 제출해야 했던 시절. 학교 구석구석을 돌며 스케치를 하고, 투명한 색을 살리려 애쓰던 추억. 물 조절에 실패해 4절 켄트지를 얼마나 버렸는지 모른다. 그래도 과정을 견디고 얻은 첫 A+의 기쁨은 잊히지 않는다. 식물채집 과제와 맞바꾼 친구와의 '협상'도 웃음이 나는 추억이다. 그렇게 쌓인 작은 경험들이 쌓여, 유화에 도전할 용기를 주었다. 수채화와 달리 유화는 실수해도 덧칠할 수 있어 마음이 놓였다. 결국, 방학이 끝날 무렵, 정물화를 주제로 한 내 첫 유화 작품이 완성되었다. 1983년 겨울, 나의 첫 유화 작품이 내 안의 또 다른 '나'를 깨웠던 순간이다.

그리고 지금, 다시 마주한 능소화 앞에서 그때의 떨림이 되살아난다.

새로운 도전은 언제나 가슴을 띈다. 블로그 글쓰기도 그렇다. 매일 스마트폰의 블로그 글쓰기 첫 화면을 열어 기억을 꺼내고 마음을 담는다. 어쩌면 그 시절 그림 그릴 때의 설렘과 다르지 않다. 이 나이에 뭔 도전이냐고 묻겠지만, 새로운 도전은 내 심장을 운동시키고 활력 있는 삶으로 초대하기 때문이다.

> "눈으로 보고 느낀 것을 손으로 그리면 그림이 되고, 눈으로 보고 생각한 것을 손으로 쓰면 글이 된다."
>
> **- 싱싱고 단상**

〈눈 쌓인 강변〉 오일캔버스 50F (116×91cm)

6
엄마의 작품을 품에 안고

"신은 모든 곳에 있을 수 없기에, 어머니를 만들었다."라는 말을 좋아한다. 짧지만 가슴을 울리는 문장이다. 1998년, 우연히 들른 서점에서 『신은 모든 곳에 있을 수 없기에 어머니를 만들었다』라는 책을 샀다. 책 속지에 날짜를 또박또박 적어두었고, 그 흔적 덕분에 시간이 한참 흐른 뒤에도 다시 꺼내 보게 되었다. 종이는 누렇게 바랬지만, 엄마를 그리는 마음만큼은 여전히 짙었다.

얼마 전, 친정엄마의 기일이었다. 오 남매 부부에 조카들, 손주들까지 모이니 총 17명. 9개월 된 아기부터 78세까지 세대가 다양하니, 집안 가득 웃음소리가 퍼졌다. 1년에 두 번, 상반기에 엄마 기일, 하반기엔 아버지 기일에 이렇게 모인다. 부모님께서 남겨주신 건 유산보다 '화합'이라는 끈이 아니었을까 싶다. 이럴 때면 애니메이션 영화 〈코코〉가 떠오른다. 죽은 자들의 날, 후손이 기억하는 조상은 이승에 다녀올 수 있다는 설정. 하지만 기억해 주지 않으면, 그조차 불가능하다는 이야기. 그저 애니메이션일 뿐인데, 어쩐지 우리 정서와도 맞닿아 있어 가슴이 찡했다.

일흔, 지금 이 나이도 참 좋다

오 남매가 기억하는 엄마는 저마다 다르다. 누구는 엄마의 부지런함을, 누구는 엄마의 알뜰함을, 또 나는 엄마의 손길을 기억한다. 우리 집 벽면은 늘 엄마의 수예 작품들로 꾸며져 있었다. 명주 색실로 모란이며 무궁화를 수놓아 만든 한반도 지도, 한자를 자수 놓은 액자, 비단 방석과 수젓집까지. 모두 엄마의 손에서 피어난 작품들이었다.

그 많은 수예품 중 지금 남아있는 건 거의 없다. 사진이라도 찍어둘걸, 아쉬움이 자꾸 밀려온다. 그 시절에는 이런 것들이 영원할 줄 알았나 보다. 나는 둘째였고, 그런 엄마의 작품은 당연히 첫째 언니의 몫이었다. 언니 결혼할 때 엄마가 손수 수놓은 청홍 보자기를 건넸다는 얘기를 들었을 때, 괜히 마음 한구석이 텅 빈 듯했다. 나도 하나쯤 받고 싶었다. 딸 노릇, 엄마 사랑받은 기억은 다 비슷했지만, 물건 하나 없는 게 괜스레 서러웠다. 얼마 전, 언니 집에 갔을 때 엄마 얘기가 나왔다.

"언니, 그 엄마가 수놓은 보자기 아직 가지고 있어?"

"응, 어딘가 있을 텐데. 한번 찾아볼게."

"아휴, 나도 엄마 살아계실 때 그런 거 하나라도 받아놓을 걸 그랬어. 지금 생각하니 후회돼."

그랬더니 언니가 말했다. "그럼 너 가져라." 그 순간, 눈물이 핑 돌았다. "정말로?!"

내 품에 엄마의 손길이 들어왔다. 언니의 배려는 단순한 친절이 아니었다. 그 속엔 마음과 사랑이 담겨 있었고, 나는 그 진심에 깊이 감동했다. 고맙다는 말을 몇 번을 했는지 모른다. 그 보자기를 곱게 펼쳐놓고 한참을 들여다봤다. 실밥 하나까지 정갈하고 단아했다. 엄마의 정성스러운 손길로 바늘 한 땀 한 땀 수놓아진 비단보자기, 그때 엄마는 어떤 마음으로 이 비단에 자수를 놓으셨을까. 언니의 혼례를 앞두고 얼마나 많은 생각이 오갔을까. 첫딸에게 내 소중한 증표를 물려주고 싶은 엄마의 마음이 고스란히 담겨 있는 청홍 비단보자기.

지금 나는 엄마가 세상을 떠난 나이보다 더 많은 나이가 되었다. 블로그에 글을 쓰고, 일상을 기록하고, 마음을 나누는 삶. 아마 엄마는 내가 이렇게 살아가리라고는 상상도 못 하셨을 것이다. 그래도 하늘 어딘가에서, 이 보자기를 보고 흐뭇하게 웃고 계시지 않을까. 엄마의 작품 하나, 이제는 나도 품고 있다. 그 손길을 기억하며 오늘도 내 일상을 곱게 수놓는다.

"세상에서 가장 따뜻한 포장은 엄마의 손이었다. 그 손끝에 깃든 사랑이 마지막으로 감싸 안은 것은 나를 향한 마음이었다."
— **싱싱고 단상**

비단 천에 명주 색실로 수놓은 청홍보자기 (친정어머니 작품)

일흔, 지금 이 나이도 참 좋다

7

백만 원보다 귀한 30분

어느 날 새벽 2시경 갑자기 눈이 떠졌다. 평소보다 무려 3시간이나 일찍 왜 깬 건지 나도 모르겠다. 이불 속에서 뒤척이다가 문득 어제 읽은 김종원 작가님의 글이 떠올랐다.

> 머물면 결국 쓰게 된다. 하루 중 딱 30분만 앉아서 써보라. 그럼 매일 자신에게 100만 원을 주는 것과 같다. 인식을 바꾸라. 100만 원을 위해서 30분 정도는 바칠 수는 있지만, 글을 쓰기 위해서는 도저히 낼 수 없는 30분이라는 시간. 결국, 글을 쓰기 위해서는 마음을 바꿔야 한다. 세상은 결코 우리에게 글 쓸 시간과 넉넉한 환경을 제공하지 않는다. "쓰는 삶의 가치를 깨달아야 한다. 쓰는 이 순간의 기억, 쓰면서 느끼는 황홀한 감정과 희열! 우리는 쓰면서 돈과 바꿀 수 없는 영감을 얻는다. 매일 30분만 글을 써라, 돈이 줄 수 없는 기회를 자신에게 선물하라.
>
> **출처 : 작가 김종원 블로그** https://blog.naver.com/yytommy/223387558977

그 말을 읽는 순간, 뭔가 가슴이 꽉 눌린 기분이었다. 사실 나도 안다. 글을 쓰는 일이 그냥 '쓰기'만이 아니라 느낄. 글을 쓰다 보면 마음속이 정리되기도 하고, 가만히 있으면 몰랐던 내 감정들이 스르르 흘러나오기도 하니까. 그래서 그 자리에서 덜컥 김종원 작가님 블로그 글에, 댓글을 달았다.

"*하루 30분 글쓰기, 오늘부터 시작합니다!*" 어찌 보면 작은 결심이지만 왠지 큰 약속을 한 기분이었다. 그런데 막상 쓰려니 쉽지가 않다. 머릿속엔 생각도 많고, 할 말도 많고, 쓰고 싶은 이야기들이 보글보글 끓고 있는데, 이걸 어떻게 꺼내야 할지 모르겠다. 예쁘게, 멋지게, 감동스런 글을 써보고 싶은 마음은 굴뚝같은데, 막상 문자를 두드리면 어색하고 일기처럼 뻔하게 느껴졌다. 그래도 써본다. 잘 쓰든 못 쓰든 중요한 건 '오늘도 썼다.'라는 그 사실이 아닐까 싶다. 지금, 이 순간 이렇게 앉아서 나 자신에게 집중하는 이 시간이 어쩌면 진짜 100만 원보다 더 큰 가치일지도 모르겠다.

음식을 만들어 예쁜 접시에 담아 먹음직스럽게 차려놓은 식탁을 보듯이, 잘 쓴 글을 보면 나도 저렇게 멋지게 써서 올리고 싶은 욕심이 난다. 글을 멋지게 쓰는 건 조금 천천히 욕심내기로 하고, 일단 매일 30분, 나와 마주 앉는 것부터 시작해 보려 한다. 다른 사람들이 30분 만에 블로그 글을 한편 올린다는데, 나는 2시간이나 걸리니 서툴고 느리고 망설이는 나를 시험해 보고 싶었다. 30분 글쓰기로 한편의 글을 완성할 수 있을까? 오늘의 30분 글쓰기 첫 단추는 어설펐지만 일단 시곗바늘이 30분에 도착할 때 내 글도 끝냈다. 앗싸! 매일 이렇게 글을 쓰겠다고 공언했으니

일흔, 지금 이 나이도 참 좋다

내 말에 책임을 져야겠지.

　후기: 매일 쓰기는 했지만 30분으로는 글이 미완성. 블로그 글은 1일 1
포가 안 됨.

"돈은 잃어도 다시 벌 수 있지만, 쓰지 않은 시간은 다시 오지 않는다." **- 싱싱고 단상**

8

참방도서관, 설렘을 만나다

참새 방앗간, 참방, 참새들이 떨어진 낟알이라도 주워 먹을까 봐 수시로 들락거리는 곳. 나의 참방이 바로 도서관이다. 맞다. 또 왔다. 또 책을 빌리러 왔다. 아니, 더 솔직히 말하면, 오늘의 데이트 상대를 만나러 왔다.

도서관에 들어서는 순간, 나는 설렌다. 마치 오래 기다린 누군가를 만나는 기분이다. 책장 사이를 천천히 걷다 보면 어느 순간 시선이 머무는 책이 있다. 표지가 마음에 들거나, 제목이 끌리거나, 어쩌면 단지 '느낌'으로 집어 든 그 책 속에는 늘 예상치 못한 인연이 숨어 있다.

책을 읽는 건, 결국 한 사람의 삶을 만나는 일이다. 한 권의 책에는 한 사람이 살아온 생각과 흔들림, 슬픔과 기쁨이 녹아 있다. 문장과 문장 사이에는 저자의 망설임과 고뇌, 때론 조용한 사랑까지 배어 있다. 그래서일까. 나는 요즘, 진심으로 믿는다. *"사람이 책이고, 책이 곧 사람이다."*

책을 읽는다는 건 누군가의 마음을 조심스레 들여다보는 일이고, 그 마음을 내 안에 담는 일이다. 나는 지금, 책에 미쳐 있다. 하루라도 책을 읽지 않으면 손끝이 심심한 눈치를 주고, 몇 페이지를 넘기지 않으면 마음이 허전하다. 책은 이제 나에게 공기처럼, 물처럼 없어선 안 될 존재가 되었다. 요즘은 특히 전자책도 여행 갈 땐 가볍게 휴대하니 너무 편리하다.

안중근 의사의 명언 "하루라도 책을 읽지 않으면 입안에 가시가 돋는다."라는 말이 이제야 이해가 된다. 어릴 땐 '책 안 읽어도 입안에 뾰족한 가시가 안 돋는데…' 의아해 했던 기억이 난다.

1월. 새해 첫 달을 맞으며 다짐했던 계획이 많았지만, 생각처럼 완벽하게 이뤄진 건 없다. 그런데도 분명히 말할 수 있다. 나는 매일 읽었다. 그리고 기록했다. 어떤 날은 읽은 책 속 문장을 잊지 않기 위해 분류용 포스트잇을 끼우고, 형광펜이 보드 타듯이 밑줄을 긋는다. 어떤 날은 그 문장이 건드린 내 마음을 천천히, 차분히 써 내려갔다. 지금 내가 이렇게 하루를 흡족하게 살아내는 것도 책이라는 좋은 친구들 덕분이다. 책은 나를 다그치지 않고, 조용히 옆에 앉아주며, 지친 마음을 어루만져 준다.

어쩌면 나는 책 속으로 현실도피를 했는지도 모른다. 현실에서 못 본 세상을 만나는 일, 독서는 앉아서 하는 여행이고, 여행은 걸어가면서 하는 독서라고 하지 않던가. 도서관은 그래서 내게 특별한 공간이다. 책을 찾으러 가는 곳이 아니라, 오늘의 대화를 나눌 사람을 만나러 가는 곳. 오늘 나와 눈 맞출, 지금의 나를 다정히 이해해 줄 단 한 사람을 만나러 가는 곳이다.

"잘 가, 1월. 책 속에서 수많은 사람을 만나며 내 마음을 단단히 다져

준 너. 덕분에 나는 오늘도 조금 더 나다운 하루를 살았다." 나의 위시리스트 매월 5권의 책 읽기는 이제 루틴이 되어 차분히 나의 속도로 굴러간다. 오늘은 또 어떤 사람을 만날까. 설레는 마음으로.

"도서관은 오늘의 데이트 상대를 만나러 가는 곳이다." - 싱싱고 단상

일흔, 지금 이 나이도 참 좋다

9

5년 후, 그린 내 모습

히히, 참말로 웃기는 나를 본다. 『내 인생 5년 후』라니, 그 말을 듣고 혼자 피식 웃음이 났다. 계란 두 판 반의 나이에 5년을 더하면 여든이다. 생존 확률을 먼저 따져야 하는 나이에 '계획'을 논하다니, 이거 참 호사스러운 얘기가 아닌가 싶다. 그래도 이 책을 손에 들게 된 건 순전히 '다섯 손가락' 리더이신 더블와이파파 님의 강력 추천 덕분이었다. 인생의 터닝포인트가 되었다는 말에 솔깃해서 도서관으로 달려갔더니, 없단다. 그래서 희망도서신청까지 해가며 손에 넣었다. 그만큼 호기심이 컸다. 그리고 그만큼 기대 이상이었다.

솔직히 말해 지금, 이 나이에 5년 후를 기약하긴 어렵다. 다만 요즘 젊은이들이 얼마나 열심히 자기계발을 하며 살아가는지, 내 자식 세대가 어떤 고민을 안고 살아가는지를 조금이라도 이해하고 싶었다. 그 마음이 나를 이 책 앞으로 이끌었다. 책은 단순한 자기계발서가 아니었다. 차트를 따라 읽다 보니, 삶의 연대기 속에서 어디쯤 와 있는지 돌아보게 했다. 놀랍게도 30, 40대뿐 아니라 은퇴자들에게도 맞는 인생 지침서였다. 지금부터의 5년이 얼마나 소중하고 결정적인지를 이야기해 준다. 단지

'시간이 지나간다.'가 아니라, '어떻게 살아갈 것인가?'를 묻는 책이다.

특히 인상 깊었던 건 '직업과 정체성을 동일시하지 않는 삶'에 대한 이야기였다. 나이 들수록 더욱 중요한 주제다. 은퇴 후에도 나는 누구인지, 나는 무엇을 하며 살아야 하는지, 책은 말한다. 주체적으로 삶을 바라보고, 남의 말에 휘둘리지 않고, 진정한 몰입을 경험하고, 대의를 좇고, 상상력을 발휘하며 살아가는 것, 그것이 건강한 정체성의 길이라고 했다.

이제 나는 질문을 스스로 던진다. 그리고 그 답은 아직 공란이다. 괄호 안에 넣을 말이 선명해질 때까지, 나는 오늘을 살아가려 한다. 어제보다 조금 더 단단하게, 내일을 향해 가슴 뛰는 상상을 품으며 말이다.

책에서 마원은 말했다. "오늘 너무 비참하고, 내일은 더 비참할지라도, 모레는 찬란한 날이 온다. 다만 많은 이들이 내일 밤에 포기해버린다." 그러니 나는 버틴다. 지금은 내일 밤일지라도, 그다음 날의 찬란함을 보기 위해. 라고 말했다. 그리고 간디는 또 말했다. "신념은 능력을 만든다." 처음엔 없어도 계속 믿다 보면 생긴다. 그게 바로 삶의 전투 의지라는 것이다. "이제 내 인생의 전략에는 탈출구가 없다. 돌파구뿐이다."라고 작가는 말했다.

핑계, 자기합리화, 동일시, 투사, 스트레스, 신체화, 내면 아이. 등등 온갖 심리용어를 접하면 나의 정체성이 조금씩 갉아먹히는 것 같다. 하지만 이 아이들을 잘 터득해 나의 정체성을 바로 세우고, 내 자존감을 높여 삶의 만족도를 끌어 올리는 일이기도 하다.

'사랑한다면 다섯 손가락 안에 들어라'라는 소제목에서 익숙한 문구에 눈이 번쩍 뜨였다. 각자 생김새도 역할도 다르지만 한 손에 붙어 있듯, 우리 인생도 그렇게 다양성과 조화를 품은 공동체로 살아야 한다는 뜻일까? 함께 공동체의 기능을 충분히 할 수 있다는 멋진 생각에 공감이 된다. 내 인생의 5년 후 그건 뭔 미래가 아니라, 오늘의 나에게 달려 있다. 오늘 하루 이 글을 쓰는 지금, 이 순간도 내 5년의 후의 밑그림이 되고 있다. 그게 참, 웃기면서도 찡하다.

> "내일의 나는 오늘의 나를 닮는다. 꿈꾸는 모습대로 살기 위해, 지금 한 걸음 내딛는다."
>
> — 싱싱고 단상

싱싱고의 인생 타령

3장 을싸을싸 새해타령

을사년의 해가둥실 수평선위 동그랗게
붉은기운 화려하게 공작날개 활짝피듯
온하늘이 찬란하네

어제까지 어두웠던 묵은해라 일몰까지
안녕인사 못했는데 오늘아침 새햇님은
방긋활짝 마중인사

새해새맘 다지기로 두손모아 소원빌어
세상어디 살더라도 만사형통 운수대통
최우선은 건강이라 건강하고 안전하길
제일먼저 기도했네

어제보다 나은내일 기대하며 계획세워
꼭해보고 싶은것들 이것저것 꼽아보니
이거이거 과욕이네 내려놓기 쉽지않아
무얼할지 고민일세

지난해에 블로그에 4음절로 타령불러
이웃님들 흥이나게 서로주고 받는대화
지나가면 잊혀질까 책을쓸까 고민인데

일흔, 지금 이 나이도 참 좋다

저질러봄 알게된다 그말믿고 저질러봐
하면한다 하면된다 삶의도전 용기내어
내글타령 책자되어 손에쥐는 꿈을꾸네

하하호호 싱싱고가 어젯밤에 꿈잘꾸고
을사년에 을싸을싸 출발부터 씽씽고고
느리지만 제속도로 목적지에 도착하길
　　응원받을 용기주오~ 얼쑤

4장

다시 품은 봄날을
아껴주기

황혼 육아, 이렇게 즐거울 수가!

"아이들은 사랑으로 자라고,
어른은 사랑으로 견딘다."
- 아우구스틴

1

두 번째 육아 일기

환갑을 맞이하는 그해 봄날, 결혼한 딸아이가 새봄에 첫아들을 낳았다. 세상에나 우리 딸도 첫아들을 낳다니, 나를 닮았나 보다. 내가 할머니가 되는 순간이다. 내 아이를 키운 세월이 무색하게 모든 게 다시 낯설고 조심스러웠다. 그렇게 다시 시작된 두 번째 육아, 이번엔 '외할머니'라는 이름으로 나의 새로운 일기가 펼쳐졌다. 사돈어른들께서도 그 순간, 말로 다 할 수 없는 깊은 감동과 벅찬 기쁨을 느끼셨을 것이다. 지금까지 내 삶의 순간순간 중 가장 벅차고 행복했던 시간을 묻는다면, 한 치의 망설임 없이 손주를 키우며 하루하루를 함께했던 그 시절이라 말하겠다.

사랑이란 참 다양하다, 대상에 따라 또 경험에 따라 그 깊이와 색깔이 달라지니 말이다. 하지만 내게 있어 가장 가슴 벅찬 사랑은 단연코 손주를 향한 마음이었다. 그 사랑은 내 삶에 환희의 순간을 선물해 주었다. 내 맘속에 숨어 있던 새로운 감정들이 우후죽순처럼 솟아올랐다. 평소에는 느끼지 못했던 감정들이 내 마음을 두드렸다. 사랑? 그런 감정은 문자로 알게 되는 게 아님을 실감했다. 우리 집 아침일과를 마치면, 출근하듯이 온갖 먹을거리를 준비해서 딸네 집으로 나섰다. 같은 아파트 단지

안에 약간 오르막에 있는 딸네 집으로 갈 땐 숨이 헉헉 심장박동이 단거리 달리기할 때와 비슷하게 뛰었다.

와! 내가 심장 운동을 할 수 있구나. 일부러 숨이 찰 정도의 운동을 하라는데 바로 이 시간이 내 운동시간이다. 옛날 어른들이 꽃 중의 꽃은 사람 꽃이라고 했다. 우리 시어머니께서 우리 아들 키워주시며 했던 말이다. 자고 나면 또 다르고 하루하루 커가는 모습을 보며, 안 보면 보고 싶고 곁에 있어도 보고 싶다는 말이다. 보고 또 보고, 아낌없이 주고 또 주고 싶은 맘을 감추기가 더 어려웠다. 손자의 성장 발육에 따른 지적 발달을 눈여겨보게 되는데, 하루하루 깨여가는 모습을 지켜보는 재미를 무엇에 비견하리오. 자석 펜이 달린 공부 판 일명 자석 낙서판을 7개 정도 샀다. 자기 집, 외가, 친가, 자동차에까지 언제 어디서나 가지고 놀 수 있게 대령했다.

조금 더 자라면서 숫자를 익히고 문자를 알게 되고, 이때 모든 부모는 자기 자녀가 신동인 줄 착각의 기쁨을 느끼는 시점이다. 나 역시 그 기쁨을 오롯이 느낄 수 있었다. 주로 밤에는 우리 집에서 같이 자는데 침대에 누워 동화책을 읽다가 책이 얼굴 위로 불시착하면,

"ㅇㅇ야 이제 불 끄고 자자."

"잠이 안 와요. 책 더 읽어주세요."

"그럼 불 끄고 귀로 듣는 이야기해 줄게."

"네."

"옛날 옛날에 토끼와 거북이가 달리기를 했는데…."

드르릉드르릉 내가 먼저 잠들었다. 어느 날 밤은 동화책을 자기가 읽

겠단다. 마음속으로 외워서 읽겠지 생각했는데 정말 문자를 읽는 게 아니는가. 그때가 23개월쯤이다. 두 돌을 한 달쯤 남겨두고 하원 시간 손자를 데리러 가서 어린이집 선생님께 얘기 드렸다. 시험 삼아 주방의 기구 서랍장의 이름표를 보고 읽으니 선생님도 놀라워하셨다. 아파트 식물들의 이름표를 보고도 맥문동, 영산홍, 목련 등 명패 하나하나 읽으니 또래 엄마가 놀라며 "벌써 글자를 아네요." 하며 신기해하셨다.

손주 자랑할 땐 돈을 내놓고 한 가지만 하라는 우스갯소리도 있다. 손주 자랑하고 싶은 맘 꾹 참는데도 인내가 필요한 시점이다. 손주도 주변을 탐색하고 습득하느라 바쁘고 나도 아이 발달에 뭐가 도움이 될까 온갖 육아 도서와 EBS 육아 방송을 보며 새롭게 공부하는 할머니가 되었다. 내 아이를 키울 땐 육아 365일 이란 책으로 그때그때 궁금증을 해결하며 보았지만, 수십 년을 지났기에 이제는 기억에 없다. 스케치북 수십 권이 공부 노트가 되어 그림 그리고 숫자 쓰고 묻는 것을 그림으로 그려 설명하며, 상상력을 키워가는 과정을 지켜보는 기쁨에 삭신의 고통을 느낄 짬이 없었다.

이렇게 손주가 6세가 되었을 때 어느 날 전화가 왔다.

"할머니 내 동생 생겼어요!"
"뭐? 캐릭터 하나 샀나?"
"아니요, 진짜 엄마 뱃속에 아기가 있대요."
"정말로! 엄마 바꿔봐라."

세상에나 믿기지 않는 현실이었다. 그 말을 듣는 순간, 마침 회의 중이었고, 전화를 받고는 곧바로 모든 강사 활동을 멈췄다. 그때 나는 보건소

소속으로 치매 예방, 노인건강 체조, 웃음 치료 강의를 맡아 동네 경로당과 요양병원으로 팀과 함께 오가며 바쁜 날들을 보내고 있었다. 봉사이자 일상이었던 그 활동들을 잠시 접어 두고, 나는 태어날 손주를 위한 삶으로 방향을 틀었다. 딸이 딸을 낳고, 이것도 나를 닮았다. 여자아이가 태어나니 모든 집기가 핑크로 변했다.

그렇게 다시 신생아를 돌보며 두 번째의 육아를 시작했다. 세월이 흘러 둘째도 어린이집을 거쳐 유치원에 입학했지만 코로나19 대유행으로 등원을 할 수 없었다. 초등 3학년과 유치원생 두 아이와 온종일 집안에서만 지내며 즐겁게 실내놀이를 개발하며 놀았다.

6월이 되어서야 등원을 했다. 공백기가 길어서인지 새로운 환경에 잘 적응을 못 하고 말이 없는 아이가 되어있었다. 집에선 온갖 재롱과 할머니와 함께 춤도 잘 추고 즐겁게 잘 놀았는데 걱정이 되었다. 관련 책을 보니 '선택적 함구증'이라고 했다. 전문의에게 진료를 받아보니 아이일 때는 그럴 수 있다며 강요하지 말라고 하셨다. 성장하면서 나아질 거니까 지켜보자는 말씀에 한시름 놓았다. 얼마 후 큰 손주가 다녔던 발도르프 교육[13] 중심 유치원 원장 선생님으로부터 전화가 왔다.

"○○ 할머니! 따님이 상담 왔는데, 거리가 멀어 또 엄마한테 부탁하려니 미안해서 말 못 하겠다고 해서, 제가 대신 전화 드립니다. 제가 부탁 드릴게요. 조금 더 수고해 주시면 안 될까요?"

---

13 발도르프 교육은 루돌프 슈타이너의 인지학에 기반한 교육 철학으로, 학생들의 전인적 발달을 목표로 한다. 이 교육 방식은 지적인, 예술적인, 그리고 실용적인 기술을 조화롭게 발달시키며, 상상력과 창조성을 중시한다.

이미 이력이 난 일이라. 딸과 손주를 위해서라면 이 몸 아낄 것 없으니 바로 수락했다. 요즘 우스갯말로 육아에는 엄마의 정보력, 할아버지의 재력, 아빠의 무관심력, 할머니의 운전 실력이 육아에 필수 조건이란다. 아빠의 무관심도 힘이 필요하구나. 정말 우스갯말처럼 나의 운전 실력을 발휘하여 다시 2년을 더 등원과 하원을 함께 드라이브했다.

둘째 손주의 동시(2021.2.17 5세)
"○○ 구름이다.
엄마 구름, 아빠 구름, 오빠야 구름 다 어디 갔지?
산 뒤로 숨었나?
엄마도 보고 싶고, 아빠도 보고 싶고,
오빠도 보고 싶은데……."
조금 지나 먼 산의 많은 구름을 발견하고는
"찾았다. 엄마 구름, 아빠 구름, 오빠 구름 다 찾았다. 산 위에 있었네."

하원 하며 오는 길에 하늘의 구름을 보고하는 말을 집에 오자마자 기록했다. 아이들 말 한마디 한마디에는 창의력이 몽글몽글 솟아 나온다. 부모들이 아이들의 말에 귀 기울여 진심으로 들어야 할 시점이다.
"아빠 보고 싶어요. 아까 아빠 없을 때 저 눈물이 나왔어요. 아빠랑 있을 거예요" (2022.4.22)
이런 낙서도 자기감정을 나타내기 때문에, 소중한 멘트를 놓치고 싶지 않아, 그날그날의 낙서 장에 날짜를 적는 이유다. '학문에는 왕도가 없듯이 육아에도 왕도가 없다.'라고 말하고 싶다.

"사랑이 있으면 몸이 좀 힘들어도 마음이 즐겁고 만족스럽다. 사랑이 없으면 몸과 마음이 힘들고 불만스럽다."

- 싱싱고 단상

일흔, 지금 이 나이도 참 좋다

2

70이면 육아도 끝날 줄 알았다

얼마 전에 『50이면 육아가 끝날 줄 알았다』 제목만 보고 책을 구입했다. 내 맘속으로 '70이면 육아가 끝날 줄 알았다'로 제목을 변경하고 싶었다. 자녀 양육과 초중고를 마치고 독립하여 외지로 나가면, 부모는 한숨을 돌리는 순간이 온다. 그렇다고 자녀 뒷바라지가 완전히 끝난다는 것은 아니다. 결국, 자녀들 교육에는 끝이 없다는 결론이다.

90세 노인이 70이 된 아들에게도 *"야야 차 조심해라."* 하듯이 자식의 안전에 노심초사 온 가족의 안녕을 빈다. 이제 내 나이 70대가 되었다. 자녀들이 결혼하고 출산을 하니 그야말로 두 불 자식 더 귀엽다는 말을 몸과 마음으로 직접 체험 13년이란 세월이 지났다.

이 체험활동을 희로애락 4가지로 살펴보면,

〈희(喜):기쁠 희〉

손주가 태어났을 때의 그 감동은 불꽃 축제의 하이라이트 마지막 장면이나 마찬가지다. 까만 밤하늘을 무대 삼아 지상에서 쏘아 올린 형형색색 불꽃들이 사람들의 눈을 황홀경으로 몰아간다. 아름다운 순간들을 이어가다가 마지막엔 모든 불꽃이 한순간에 그 넓은 밤하늘을 불꽃으로 가득 채운다. 첫 손주를 본 양가 부모님들의 마음은 불꽃 축제의 마지막 장면처럼 황홀경과 신비함에 가슴이 부풀어 기쁨으로 가득 찬다.

태어나서 백일이 지나고 돌까지는 하루가 다르게 자고 나면 쑥쑥 성장 속도가 빠르다. 어제보다 더 토실토실, 아기의 움직임 모두가 신기한 듯 경탄에 가까운 웃음소리가 연방 터진다. 그 기쁨을 손주 육아를 도맡아 하는 내가 오롯이 다 챙기고 있으니, 사돈에게 살짝 미안한 맘이 들었다. '얼마나 안아보고 싶으실까?' 보내드리는 사진으로만 보시고 행복한 미소를 지으실 듯. 자주 보내 드리지도 못해 죄송할 뿐이었다. 다른 집 아기들도 귀엽고 사랑스럽지만, 직접 만지고 스킨십은 곤란하다. 내 손주는 언제든지 안고 업을 수 있으니, 그 따뜻한 체온을 느낄 때의 그 행복감은 몇 배로 부풀어 오른다.

〈노(怒): 성낼 노〉
성낼 일 즉 화가 난다는 뜻, 아이들이 자라면서 말은 알아듣는데 행동은 좀처럼 달라지지 않는다. 한두 번은 타이르고 세 번쯤은 참지만 네 번쯤 되면 슬슬 혈압이 오르기 시작한다. 결국, 큰소리치게 된다. 지금까지 되돌아봐도 크게 화낼 일은 없었지만, 주로 게임을 오래 하거나 시간을 지키지 않을 땐 한번 말은 하지만, 이것 또한 부모가 훈육해야 할 일이고 나는 지켜보며 믿어주는 역할이나 할 뿐이다. 육아는 체력과 인내력, 지구력이 필요한 고도의 전략이다. 그리고 그 모든 전략의 바탕에는 '사랑'이 있다. 결국, 육아란 사랑으로 한 사람을 길러내는 가장 헌신적인 예술이다. 그동안 읽은 육아서가 내 서가를 자꾸 차지하고, 오은영 박사님의 육아 노하우를 배우며 존경하게 된다. 김종원 작가님 〈부모의 말〉은 부모가 실천할 바로미터[14]이다.

〈애(哀): 슬플 애〉

슬플 일이 없어야 하는데 가끔 마음이 아플 때가 있다. '애간장이 탄다.'라는 말이 있듯이 아이가 아플 때다. 말도 못 하고 열이 펄펄 나고, 아이 입에서 끙끙 신음 소리가 들릴 때는 정말이지 대신 아파주고 싶은 심정이다. 기침까지 콜록거리면 빨리 밤이 새기를 기다리는 맘에 잠을 설친다. 다음날 부리나케 병원으로 달려가니 폐렴이라고 입원시킬 때 마음이 아프다. 링거주사 바늘이 그 어린 살갗을 찌를 때 내 가슴을 찌르는 아픔도 느낀다. 어느 해 잠시 해외여행을 간 사이 손주가 궁금해서 안부차 통화를 하니 또 폐렴으로 아동 병원에 입원했다는 거다.

"엄마만 없으면 아프네." 딸의 말에 웃픈 심정이랄까 '내 존재감이 있긴 하네.'라는 생각이 잠깐 스쳤다. 아이가 아프고 나면 더 큰다는 얘기가 있다. 성장통을 한다는 얘기다. 한 가지 재주가 늘 때마다 자기 나름 진통을 한다는 옛 어른들의 말씀에 육아의 지혜를 얻는다.

〈락(樂): 즐길 락〉

그야말로 육아의 이 과정을 '피할 수 없으면 즐겨라'라는 마음으로 손주 육아에 흠뻑 빠진 내가 더 즐거우니, 가족 모두 즐거운 나의 집이 되는 비결인 듯하다.

유명 가수의 노래처럼 '연애는 필수 결혼은 선택'이란 노랫말처럼 요즘

---

14 사물의 수준이나 상태를 아는 기준이 되는 것.

세태가 혼기에 상관없이 결혼 안 한 자녀가 주변에 많다. 여러 모임에서 두 자녀 모두 결혼으로 만세를 부른 제1호이면서 손주 육아도 아직까지 하는 사람은 나 혼자뿐이다. *"너 대단하다. 힘들지 않니?"* *"난 자식 가족들 왔다가 가고 나면 2박 3일은 퍼지는데…."* '오면 반갑고 가면 더 반갑다'라는 말이 이구동성(二口同聲)으로 나온다.

옛날 물지게로 물을 길어 올 때 처음엔 균형을 못 잡아, 집에 도착할 땐 반은 쏟아지고 반만 남았다. 자꾸 하다 보면 요령이 생겨 안 쏟고 잘 지고 오듯이, 육아도 처음은 서툴지만, 하다 보면 조금씩 요령이 생겨 아이도 나날이 크고 양육자도 나날이 숙달되어 함께 성장하게 된다. 황혼 육아로 인하여 짧지도 길지도 않은 시간에 삶의 희로애락의 순수한 감정을 맛보며 즐길 수 있었다.

이제 '80이면 육아가 끝날 줄 알았다.'도 멀지 않았다.

> "황혼육아는 여전히 체력전, 하지만 아이 웃음은 최고의 보약이고 꽃이다."
>
> **- 싱싱고 단상**

일흔, 지금 이 나이도 참 좋다

3

실내놀이의 달인이 되다

코로나19 대유행으로 일상이 허물어진 그때 온 천지 사방, 전 세계가 두려움과 공포에 꼼짝 말고 집에서만 콕 박혀 있었다. 방학이 끝나고서도 학교와 유치원도, 두 달 가까이 지나도록 등교나 등원에 대한 소식이 없다. 처음엔 조금 지나면 곧 갈 수 있겠지 하고 오히려 더 놀 수 있음에 아이들은 신이 났다. 온종일 손주들과 놀기에도 하루 이틀이지 바깥 놀이가 안 되니 집안에서 무엇이든 놀 거리를 만들어야 했다.

내가 또 누구인가? 교직 생활에서 걸스카우트 활동을 오랫동안 했던 그 경험을 살려 우리 손주들과 온갖 실내놀이를 하며 함께 놀았다. 처음엔 숨바꼭질 놀이를 하다가 이불 굴속 통과하기, 이불 그네, 이불 썰매, 이불 김밥 말이로 이불을 가지고 놀 수 있는 모든 놀이는 다 했다. 또 담요로 식탁을 덮어놓고 식탁 밑에 들어가 자기만의 작은 아지트가 된 듯 그 속에서 인형 놀이도 했다.

삼시 세끼와 간식을 챙겨주며 지내다 보니 하루해가 저물 때쯤은 내 몸도 지쳤다. 그래도 다행인 것은 같은 아파트 단지에 살기에 집에 와서는 쉴 수 있어 좋았다. 자녀들과 서로 멀리 떨어져 살며 황혼 육아를 하는 분들은 24시간 함께 있으니 그것도 할 짓이 아니라는 하소연을 들은 적 있다. 시간이 지날수록 실내놀이도 다양해진다. 보물찾기 놀이, 풍선 배구, 풍선 공 피하기, 종이컵 쌓기, 신문지 찢기, 낚시놀이, 색종이 접기, 그림 그리기, 도미노 게임, 한 궁(양궁과 투호 놀이를 접목한 실내 생활체육 전통놀이 기구로 자석 핀을 오른손 5회 왼손 5회로 과녁에 던지면 점수가 합산되어 디지털시계처럼 한궁 판에 점수가 나온다.)등 다양한 실내놀이를 하며 즐겁게 시간을 보냈다.

실내놀이를 내가 할 수 있는 것을 다 해봤지만 바깥 놀이를 못 하니 답답함도 한계가 오는 듯했다. 창문 밖을 내다보니 놀이터가 휑하다. 놀이기구 체육시설들이 목석같이 서 있을 뿐, 인기 있는 그네도 바람결에 덜렁 덜렁거리며 심심한 모습이다. 아이들이 집에만 있으니 층간 소음 문제로 관리실 방송이 자주 나온다. 서로 많이 조심도 하고 참기도 하지만 어쩔 수 없는 상황이 빈번해지니 이것도 못 할 노릇이다. 그래서 인터넷으로 트램펄린을 구입해서 우리 집에 설치했다. 아기 때 타던 그네와 씽씽카 실내놀이 자동차도 있으니, 우리 집 거실이 미니 키즈 카페가 되었다. 폴짝폴짝 나풀거리는 머리카락에 앙증맞은 두 다리가 슝슝 모았다가 벌렸다가 보는 내가 신이 났다. 큰손주도 펄쩍펄쩍 두 남매가 손을 잡고 펄쩍 폴짝. 혹시나 해서 아래층 젊은 엄마에게 연락했다.

"혹시 아래층에 소음이 많이 들리나요?"

"아이들 있는 집이 뭐 그렇죠. 불편할 정도는 아니니 걱정하지 마세요."

아래층 젊은 엄마의 너그러움에 감사드리며 농장의 채소들을 수확할 땐 먼저 챙기게 된다. 그 힘든 시간 오고 갈 수 있는 곳이 있었기에 답답했던 순간들을 조금이나마 풀 수 있었다. 지금도 한 번씩 오면 펄쩍펄쩍

폴짝폴짝 키가 천정에 닿으려고 한다.

코로나19 대유행이 풀리고 일상으로 돌아오니 할머니 집 키즈 카페도 적자운영으로 문을 닫을 지경에 이르렀다. 방과 후 이런저런 학원 수업에 할머니 집 키즈 카페 찾아올 시간이 없다. 이제는 우리 집 툇마루처럼 무엇을 말리거나 널어놓는 역할을 하는 트램펄린. 얼마 전에 미국에서 온 친손주들이 트램펄린 위에서 어찌나 잘 뛰고 노는지 제 역할을 톡톡히 한 트램펄린이다. 할머니 집 키즈 카페 임시 오픈했다. 아이들이 신나게 실내에서도 잘 뛰고 노는 모습이 보기 좋았든지 미국 돌아가자마자 샀다고 보여줬다.

> "엄마 아빠 덕분에 오늘도 행복해요.
> 곁에 있어서 마음이 든든해요"
>
> **『나에게 들려주는 예쁜 말』, 김종원 지음**

작가의 말에 늘 감동하며 이 말을 변주하여 엄마 아빠 대신에 아이들 이름을 부르면서 말한다면 서로 든든한 울타리가 되어 주지 않겠는가?

> "아이와 놀다 보면, 놀 줄 아는 어른이 된다."   **- 싱싱고 단상**

4
가족이 제일 큰 손님이다

옛날에는 집안의 잔치나 큰 행사가 있으면 손님을 초대하고 진수성찬을 차려 대접을 하는 것이 우리나라의 전통 풍습이었다. 마당에 햇볕을 막는 차일을 치고 멍석을 깔고, 동네 공동으로 사용하는 상과 그릇들을 빌려와 많은 손님께 음식상을 차려 내었다. 어린 시절 동네 천막 친 집에 가면 평소 먹지 못했던 음식들을 얻어먹을 수 있어 신이 났다. 친구들과 놀다가 누가 하얀 천막을 발견하고 *"와! 잔치다."* 하고 외치면 노는 것 다 팽개치고 잔칫집으로 우르르 달려갔던 기억이 난다. 결혼식이며 장례식 등 모든 것을 집에서 했기 때문에 그야말로 동네잔치가 되었다.

세월이 흘러 요즘은 집에서 하는 큰 행사는 거의 없다. 넓은 장소나 음식을 만들 사람도 없을 뿐만 아니라 집기도 없으니, 격세지감이 이럴 때 쓰는 말인 것 같다. 예식과 장례식 등 인간사 모든 행사는 전문행사장에서 치러지니 얼마나 편리한 세상인지 모른다. 손님 접대는 모두 전문가에게 맡기니 음식 솜씨 걱정 없고 뒷설거지는 전혀 신경 쓸 이유가 없다.

그런데 예외는 있다. 자녀들이 결혼해 각자 살림을 차리면, 내가 그들을 집으로 한 번씩 초대해서 식사하며 정을 나눈다. 마침 한글날 공휴일이라 다른 계획 없음을 확인하고 가까이 사는 딸 가족을 초대하여 점심을 우리 집에서 먹기로 했다. 지난번 장 봐둔 것도 있어 따로 준비할 것은 없고, 신선한 채소는 텃밭에서 뽑고 다듬어 챙겨 놨다.

아침 식사를 끝내고 바로 점심 준비로 앞치마를 풀 시간이 없다. 오늘의 메뉴는 오징어 숙회 무침, 양지머리 수육, 갈치 찌개로 냉동고 정리를 이참에 하고 나니 기분이 좋았다. 12시에 딸 가족이 들어오는 소리에 현관이 시끌시끌했다. 키 큰 손자와 사위, 딸과 손녀가 들어오니 집안이 가득했다. 지난번에 모였을 때 손녀가 하는 말이 *"이제 진짜 가족 같다."*라는 말이 가슴에 남아 있다. 오늘도 진짜 가족 같은 분위기를 만들려고 한다.

온 가족이 모여도 6명이다. 옛날 같으면 단출한 한 가족으로 두레 반상에 둘러앉아 식사했을 일이다. 한창 성장하는 아이들이라 모두 맛있게 먹는 모습을 보니 '마파람에 게눈 감추듯이' 차려준 음식을 깨끗이 비워주어 흐뭇했다. 이런 *"이제 진짜 가족 같다."*라는 장면을 자주 못 만들어 준 것이 미안해진다. 요즘은 가족 행사나 친인척 모임도 맛집이나 식당에 예약하여 모임을 갖는다. 식사 후엔 카페에 가서 차를 마시고 디저트를 먹으며 즐겁게 지내는 일이 대부분이다.

명절이 아니고서야 집에서 모인다는 것은 요즘 보기 드문 현상이다. 그냥 식사 한 끼 같이 하는데도 음식 준비는 나 혼자서 다 해야 하니, 아침부터 온갖 주방 도구와 양념 그릇들이 들랑날랑 냉장고 문을 수십 번도 더 여닫는다. 씻고 썰고 지지고 볶고 삶고 굽고…. 음식이 그릇에 담겨 차려지기까지 수많은 손놀림으로 요리가 완성된다. 쌀(米)이 밥이 되어 우리 입속으로 들어오기까지 88번의 손이 가야 한다는 한자 풀이가 맞는 것 같다. 식사를 끝내고 후식까지 먹으며 손주들 재롱에 웃다 보니 시간이 훌쩍 지나간다. 이제 돌아갈 땐 이것저것 가져갈 것도 잊지 않게 미리 챙겨 현관 앞에 대기시켜 놓는다. 가고 난 뒤 깜빡 잊어버리면 두 번의 수고가 생기니 늘 명심한다고 하는데도 잊을 때가 있다.

딸네 가족들이 다 돌아간 뒤 주방엔 산더미처럼 쌓인 설거지가 또 나를 기다린다. 둘이서만 먹다가 세 곱의 그릇들과 주방 도구를 씻고 말리고 제자리 넣기까지 시간이 제법 걸리니 이젠 다리도 아파진다. 아침 눈떠 오후까지 집안에서 오천 보라 하루 운동 만보 걷기 실내에서 반은 달성한 셈이다. 큰 손님을 대접하려면 몇 날 며칠 바쁘겠지만 모두 일상이 바쁘다 보니 *"이제 진짜 가족 같다."* 라는 손녀의 말을 자주 들을 수 없음에 안타까운 마음이 든다.

나에겐 제일 큰 손님이 내 자식과 내 손주들이다. 얼마 전에 아들 가족이 몇 년 만에 한국으로 나왔다. 그동안 해주고 싶었던 것 총망라해서 준비했다. 어릴 때 잘 먹었던 반찬은 필수이고 손주들도 잘 먹는 것을 차려주었다. 모두 맛있게 먹고 편하게 잘 지내다 가니 내 마음이 흡족했다. 내 논에 물들어가는 것과 자식들 입에 밥 들어갈 때 제일 행복하다는 말이 실감 난다.

> "가족이 모이는 집밥 한 상은 서로의 마음을 잇는 가장 따뜻한 다리이다."
>
> - 싱싱고 단상

5

손주는 방학, 나는 출근

"와! 방학이다!" 아이들이 신이 났다. 방학하면 제일 먼저 떠오르는 생각이 뭘까? 일단 학교에 안 가고 실컷 놀 수 있다. 아침 일찍 등교 준비에 잠에서 덜 깬 눈으로 아침은 먹는 둥 마는 둥, 간편식으로 때우고 바쁘게 움직이는 아침 풍경이 눈에 그려진다. 그러던 생활에서 느긋하게 잘 수 있고 시간에 쫓기지 않으니 이런 행복감이 또 어디 있을까.

어린 시절의 방학 생활이 원형극장의 파노라마처럼 휘리릭 돌아간다. 여름이면 강에서 물놀이, 겨울이면 얼음 썰매, 눈놀이 등 계절마다 놀이가 다르니 그때그때 친구들과 어울려 온종일 신나게 놀았다. 요즘처럼 디지털 기기를 상상해 본 적도 없었고, 밖으로 나가야만 친구들을 만날 수 있었으니 집안에 붙어 있지 않았다. 여름 햇볕에 까맣게 그을린 피부가 흑백이 선명하게 나누어진 것을 보았고, 겨울이면 손이 빨갛게 언 손으로도 놀기에 바빴다. 요즘 손주들의 방학생활과는 엄청 다른 모습이다.

아이들이 방학이면 어른에겐 비상이다. 손주들이 초중학생이라 40여일을 함께 보내려면 그야말로 방학 생활계획표를 어른이 세워야 한다.

어린이집이나 유치원 다닐 때와는 사뭇 다르다. 영유아 때는 방학이라기보다 한 주일 정도 휴가 기간이었다. 방학식을 하고 집에 도착하자마자 책가방과 신발 가방이 현관 입구까지만 들어오고 아이는 사라졌다. 아이들이 즐겁고 신나는 방학이라면 어른들은 비상 생활의 시작이다.

　나도 이젠 출근 모드로 전환, 우리 집의 아침 생활을 바쁘게 정리하고 이것저것 챙겨 손주들 보러 나선다. 빠르게 걷기 300보 운동시간이다. 손주들 이름 부르며 현관문을 열고 들어가니 아직도 밤중이다. 아이들이 자는 틈에 주방으로 먼저 가서 아침 준비하고 집안 정리에 손발이 쾌속으로 작동한다. 부모들의 직장 출근 시간이 전쟁이니 내 몸 챙겨 나가기 바빠서 뒤는 몰라라 하고 도망치듯 나간듯하다. 옛날 직장 생활 했던 경험이 있기에 충분히 이해가 된다.

　집안 곳곳이 난장판이니 일의 순서를 머릿속에 꿰고 최대한 빨리 움직인다. 거실 입구 화장실의 물기를 닦고, 그다음은 안방 화장실 물기를 닦은 수건과 세탁물을 세탁기로 넣어 1차 세탁을 한다. 검은색과 밝은 색 겉옷은 따로 울 세탁 코스로 돌리고 1차 세탁물은 건조기로 옮겨 건조한다. 이제 아이들도 슬슬 일어나 양치와 세수를 끝내고 식탁에 앉는다. 할머니 표 아침상의 메뉴는 다양하다. 냉장 냉동고를 열어보고 있는 식자재들을 이용하여 매일 다르게 만들어 준다. 밥이 있으면 오므라이스, 밥전, 유부초밥으로, 밥이 없으면 주로 빵을 이용한 샌드위치, 토스트, 모닝빵 버터구이와 만두 찜, 쌀 떡볶이, 파스타, 쌀국수 등 아이들이 좋아하는 김밥은 자주 해 주는 음식이다. 이렇게 오전을 보내고 또 점심을 먹고 나면 아이들 각자 학원 스케줄에 맞춰 들랑날랑한다.

짜인 방학 생활 속에서도 놀 틈은 얼마든지 있으니 게임으로 시간을 보내는 모습을 볼 때마다 훈계도 한두 번이지 허락된 시간이면 지켜볼 수밖에 없다. 그것도 친구와 화상 통화를 하면서 역할놀이를 하는 듯 대화가 소꿉놀이처럼 주거니 받거니 한다. 화상 통화로 자주 본 아이라 이름을 부르며 *"시간 되면 얼음 썰매 타러 갈래?"* 하고 물었더니 좋아했다. 부모님께 허락을 맡고 아이들을 태워 얼음 썰매장으로 갔다. 우리 손주들이 어릴 때부터 해마다 간 곳이라 썰매 장 주인은 문자로 얼음 썰매장 운영정보를 올려주신다. *"손이 시려워 꽁 발이 시려워 꽁 겨울바람 때문에 꽁꽁꽁"* 저절로 노래가 나온다. 아이들이 신나게 얼음 썰매를 지치는 모습만 봐도 동심의 세계로 돌아간다. 어릴 때 놀았던 경험들을 아이들과 함께 공유하고 싶은 이 마음이 조상된 마음인가 싶다.

> "사랑하는 손주와 함께하는 시간이 가장 즐거운 쉼이다."　**- 싱싱고 단상**

6

네 그림 설명 좀 해줄래?

오랜만에 학교 그림책 읽어주는 동아리 모임에 다녀왔다. 예전부터 함께 활동하던 선배 회원이 '아이들의 그림을 대하는 부모의 태도'에 대해 특강을 연다기에, 얼굴도 볼 겸, 좋은 이야기도 들을 겸 발걸음을 옮겼다. 우리가 활동하는 이 동아리는 손주가 다니는 초등학교 매주 목요일. 1, 2학년 교실에서 오전 8:30에서 8:50분 20분간 아침 활동으로 아이들에게 그림책을 읽어준 자원봉사 학모모임이다. 활동을 마치고 나면 도서관에 모여 앉아 그날의 책에 대한 느낌도 나누고, 아이들 반응도 이야기하면서, 다음에 읽을 책에 대한 정보도 자연스럽게 주고받는다. 그렇게 함께 나누다 보면 어느새 마음도 따뜻해지고, 배움도 하나씩 쌓인다.

그날 특강에서는 특별히 기억에 남는 문장을 들었다.

"아이의 그림을 볼 때는 '이게 뭐야?' 대신, '와! 멋진데! 네 그림 설명 좀 해줄래?'라고 물어주세요."

짧지만 깊은 울림이 있었다. 아이들에게 그림은 단순한 결과물이 아니다. 어떤 마음으로, 어떤 기분으로 그렸는지가 더 중요하다는 것. 무심코 던지는 질문 하나가 아이의 마음을 닫게 할 수도 있다는 이야기에 모두가 고개를 끄덕였다. 사실 나도 반성했다. 손녀가 다섯 살 때였다. 달력 뒷장에 그린 그림을 들고 와 자랑할 때, 나도 모르게 *"우와! 멋진데, 이게 뭐야?"*라고 물었던 기억이 난다. 동그라미 몇 개를 보고 웃으며 한 말이었지만, 그 말이 혹시나 손녀 마음에 작은 상처가 되진 않았을까 돌아보게 되었다.

나는 손녀가 그린 그림을 한 장, 한 장 모아 스크랩북을 만들어두고 있다. 아직은 서툴고 단순한 그림이지만, 스크랩북을 넘길 때마다 아이가 자라온 흔적이 고스란히 느껴진다. 동글동글한 선 하나에도, 휘갈겨 쓴 색연필 자국 하나에도, 아이의 성장과 기쁨이 담겨 있다. 그 작은 손으로 세상을 표현하려 애쓰던 순간들이 내게는 세상 무엇보다 소중한 보물이다. 그림을 보며 느끼는 기쁨, 아이가 자라면서 보여주는 작은 변화들, 스크랩북 한 장 한 장이 나에게는 육아의 행복을 다시 느끼게 해 주는 선물 같다.

이 내용의 글을 블로그에 올렸더니, 많은 이웃이 감동의 댓글을 달아주었다. 특히 젊은 부모님들이 *"앞으로 아이에게 이렇게 말해줘야겠다."* *"나도 무심코 상처를 준 건 아닌지 돌아보게 된다."*라며 함께 반성하고 다짐하는 모습을 보니 참 뿌듯했다. 좋은 정보를 나누고, 함께 마음을 모을 수 있었다는 것만으로도 글을 쓰길 참 잘했다는 생각이 들었다. 생각해 보면, 육아도, 부모 노릇도, 모두가 처음이다. 하루하루가 서툴고, 하루하루가 도전이다. 하지만 그 속에서 함께 배우고, 함께 성장하는 것이 아닐까. 완벽한 부모가 되는 것보다, 매일 아이와 함께 웃고 울며 조금씩 나아가는 것이 진짜 소중한 길이라는 걸 새삼 느낀다.

오늘도 다짐한다. 손녀가 손에 꼭 쥐어 내미는 작은 그림 앞에서, "우와! 멋진데! 네 그림 설명 좀 해줄래?" 이 따뜻한 한마디를 잊지 않겠다고. 육아는 늘 정답이 없지만, 아이의 마음을 존중하는 것만은 언제나 옳은 답이라는 걸 믿는다.

> "칭찬은 영혼의 꽃을 피우는 비료다."
>
> — 윌리엄 워드

일흔, 지금 이 나이도 참 좋다

7
거울 속 내 모습

며칠 전 블로그 이웃 사이에서 '나의 장점 5가지 챌린지'가 조용히, 그러나 깊이 있게 퍼지고 있었다. 작년 가을, '옷 타령 들어 보소'라는 4음절 챌린지를 통해 글 친구들 사이에 소소한 재미와 고민거리를 안겨주었던 기억이 새롭다. 이번에는 블로그 이웃님의 지명을 받아, 나 또한 이 챌린지에 참여하게 되었다. 글쓰기라는 것이 늘 그렇듯, 쉽게 펜이 가지는 않았다.

스스로 장점을 이야기하라는 건 결국 자기 자랑 아니냐는 소심한 내면의 목소리가 있었고, 동시에 '그럼에도 써보자' 하는 궁금증이 고개를 들었다. 내 장점이 뭐였더라? 나를 가장 잘 아는 사람들에게 물어보면 답이 나오지 않을까. 한참을 망설이다가 결국 조심스레 가족들에게 문자를 보냈다. "요즘 블로그에서 자신의 장점 5가지 챌린지를 하는데, 내 장점 하나만 말해줄 수 있나요?" 대상에 따라 엄마, 언니, 할머니 등 호칭을 달리해 정성스레 보냈더니, 예상보다 더 따뜻하고 솔직한 답들이 돌아왔다.

남편은 '활기찬 생활'이라고 했다. 딸은 '부지런하다', 사위는 '부지런하고 주변 사람들을 잘 챙긴다', 며느리는 '다정하고 매사에 긍정적이다', 아들과 올케는 이구동성 '정리정돈의 달인'이라고 했다. 손주는 '할머니는 아름다움과 지혜로움을 유지하려는 모습이 멋지다'라며, 참으로 예쁜 말을 해주었다. 언니는 '매사에 적극적이고 진취적'이라 했고, 지인들은 '계획과 실천력', '알뜰함', '베풂' 등 생활 속에서 드러난 성향들을 꼽아주었다.

이렇듯 모아보니 나를 표현할 수 있는 다섯 가지 강점이 자연스럽게 드러났다.

첫째, 부지런함과 정리정돈의 생활 습관.
둘째, 매사에 긍정적이고 적극적인 태도.
셋째, 계획과 실천력으로 진취적으로 살아가는 자세.
넷째, 다정다감함과 타인을 챙기는 배려.
다섯째, 아름다움과 지혜로움을 유지하고자 하는 자기 관리와 열정.

이쯤 되니 내 생활기록부에 모범적인 항목으로도 손색이 없다. '계란 두 판 반의 열정 시니어'에 이런 표현이 그동안 잘 살았구나 싶다. 참, 남편에게 *"나 이쁘지 않아요?"*라고 물었더니 *"안 이쁜데"*라는 대답이 돌아왔다. 경상도 남자의 무뚝뚝한 사랑 표현이라 여기기로 했다. 그래도 나는 안다. 그의 말 한마디보다 늘 함께 밥을 먹고 걱정해주는 일상이 더 큰 사랑이라는 걸.

이번 챌린지는 단지 나를 돌아보는 시간이 아니라, 가족들과의 소통을 이끄는 계기가 되어주었다. 평소 직접 하긴 낯간지러운 말도 문자로는 쉽게 주고받았다. 결국, 나 자신을 조금 더 알아가는 시간, 그리고 사랑하는 사람들의 눈으로 나를 다시 바라보는 따뜻한 경험이었다. 마무리는 살짝 아쉬움이 남는다. 챌린지의 바통을 이어주어야 하는데, 자주 소통하는 이웃님들의 성향을 잘 파악하지 못해 다음 주자를 정하지 못했다. 그래서 이번엔 여기서 잠시 내려놓지만, 언젠가 다른 이름으로 또 이 따뜻한 연결이 이어지길 바라본다.

"거울에 비친 얼굴보다 자신을 사랑하는 마음이 가장 빛나는 거울이다."

- 싱싱고 단상

민화 〈연화도〉 연꽃의 청정함과 부귀영화를 상징하는 길상화 (화선지 전지 한국화 물감)

8
생각보다 실천이 중요해

20여 년 전, 우연히 마주친 한 문장이 내 삶을 바꾸어 놓았다. *"1000t 의 생각보다 1g의 실천이 중요하다."* 그날 이후 나는 이 말을 단순한 명언이 아닌, 삶의 모토로 삼아 살아가고 있다. 세상에 무수히 많은 명언을 다 삶의 모토로 삼을 순 없지만 말이다.

'일체유심조(一切唯心造)' "모든 것은 오직 마음이 지어낸 것이다."라는 이 말처럼, 생각은 언제나 마음속에 가득했다. 하지만 그 생각들이 실제 삶에 영향을 미치기 위해서는, 결국 '행동'이라는 다리가 필요했다. 그 문장을 출력해 집 현관 벽 작은 게시판에 붙여 놓았다. 그냥 '좋은 말이네.' 하고 스쳐 지나갈 수도 있었지만, 매일 들락날락하면서 눈에 보이는 자리에 놓인 덕분에 무의식중에도 내 삶에 스며들게 되었다. 단순한 생각에서 머물렀다면 아마 이 글조차 쓰지 않았을지도 모른다.

생각한다고 다 실천할 수는 없지만, 실천은 반드시 어떤 생각에서 비롯된다. 그 다리를 놓는 가장 쉬운 방법의 하나가 '문자화'였다. 어느 책에서 봤듯, 희망이나 목표를 눈에 보이게 글로 써서 게시하는 것만으로

일흔, 지금 이 나이도 참 좋다

도 실천 의지가 50% 이상 높아진다는 말은 내 삶에서도 진실이었다.

8년 전, 영어공부를 위해 고가의 학습기기를 샀던 일이 있었다. 한국 사람이 가장 오래 영어공부를 하고도 제일 안 된다는 그 어려운 희망을 품고 *"이번엔 진짜 한마디라도 자신 있게 해보자!"*라는 각오로 초반엔 놀이하듯 재미있게 몰입했었다. 그리고 몇 년을 지났는지 어느 해는 기기를 한 번도 켜지 않은 채 지나가기도 했고, 사용할 때도 가뭄에 콩 나듯 흔적만 있었다. 결국, 내 마음을 다시 다잡은 것도 글로 써서 붙이는 아주 단순한 행동에서였다.

지난해부터는 손자와 함께 새해가 되면 각자의 Wish List를 작성해 인쇄해 붙이는 작은 이벤트를 만들었다. 그랬더니 놀랍게도 지금은 매일 한 꼭지씩 루틴이 되어 실천하게 되었다. 실력은 손자와의 60년 차이를 고려해 상상에 맡기며 웃어넘기지만, 무엇보다 중요한 건 '하고 있다'라는 사실이다. EBS 영어방송을 듣는 건 매일 아침 나를 벌떡 일으키는 마법의 알람이지만 말이다.

그중에서도 가장 꾸준히 실천하고 있는 것은 '독서' 매달 5권 읽기다. 이건 거의 120% 달성 중이다. 독서는 내게 있어 가장 확실한 성취감을 주는 실천이 되었고, 내 생각을 확장하는 가장 좋은 방법이기도 하다. SNS를 보다 보면 문득 웃음이 나올 때가 있다. 김종원 작가님의 말처럼 *"마지막까지 읽어보면 결국 다 자랑이다."* 어쩌면 이 글도 나의 작은 자랑일 수 있겠다. 하지만 나는 이제 자랑도 삶의 한 방식이라 생각한다. 나의 실천이 누군가에게 영감이 될 수 있다면, 그건 충분히 의미 있는 자랑이다.

    은퇴 후, 손주들과의 특별한 시간을 보내며 또 다른 삶의 무대를 열고 있다. 교직의 정년은 지났지만, 삶의 정년은 없다는 것을 배워가며 매일 새로운 실천을 향해 나아간다. 생각은 많고 복잡하다. 하지만 그 생각이 움직이는 순간은 늘 아주 단순하고 사소한 실천에서 시작된다. 1g의 실천이 오늘도 나를 조금 더 나아가게 한다. 생각만 하며 망설이고 있는 당신에게, 말해주고 싶다. *"한 줄 써보세요. 눈에 띄게 붙여보세요. 그러면 이미 시작된 겁니다."*

> "생각만으로는 아무 일도 이루어지지 않는다. 실천이 모든 것을 바꾼다."
>
> **- 요한 볼프강 괴테**

일흔, 지금 이 나이도 참 좋다

9

미움받을 용기, 미움 버릴 용기

크리스마스이브 아이들이 없는 조용한 저녁, 오래된 독서 노트를 펼쳐 들었다. 딱 3년 전 이맘때 읽었던 『미움 받을 용기』 1·2권의 글귀들이 대학노트 3쪽에 빼곡히 기록되어 있었다. 질문과 답변 형식으로 전개되는 이 철학 서적은, 당시에도 깊은 울림을 주었지만, 시간이 흐른 지금, 다시 펼쳐보니 감동의 결이 다르다. 마치 오래된 사진 속에서 젊은 나를 바라보는 것처럼.

이 책은 '인간은 변할 수 있다'라는 아들러 심리학의 핵심 철학을 바탕으로 한다. 그중에서도 내 마음을 단단히 붙잡은 문장이 있다. *"10명 중 한 명은 반드시 당신을 싫어한다."* 유대교 교리에서 유래한 이 말은 참 간단하면서도 깊은 통찰을 담고 있다. 우리는 흔히 나를 싫어하는 단 한 사람의 말에 쉽게 흔들린다. 그리고 그런 부정적인 감정에 집중하면서, 나를 사랑하는 이들의 존재조차 잊곤 한다. 왜 우리는 그렇게 부정에 더 민감할까?

책 속의 대답은 분명하다. 그것은 우리 내면의 불안 때문이다. 누군가의 미움을 '있는 그대로' 받아들이지 못하고, 나 자신을 깎아내리는 기준으로 삼는 것이다. 하지만 삶은 조화를 이루는 것이며, 동전의 양면처럼 선과 악, 기쁨과 슬픔이 공존하는 것이 아닐까. '조화로운 인생'을 위해서는 나를 싫어하는 사람에게 과도한 에너지를 쏟기보다, 나를 지지하는 사람들과의 관계를 더 단단히 다져야 한다는 교훈을 되새긴다.

또 한 가지 인상 깊었던 대목은 '일 중독자'에 대한 지적이었다. "일하느라 가정을 돌볼 여유가 없다."라는 말은 사실 회피에 불과하다는 아들러의 냉정한 시선. 고개를 끄덕이며 생각한다. 예전 세대의 많은 남편은 일터에만 몰두하고, 아내들은 집안일과 자녀 양육에 모든 것을 바쳤다. 그러나 그 헌신은 종종 당연시되거나, 오히려 실패의 원인으로 돌려지기도 했다. "자네는 도대체 아이를 어떻게 가르친 건가?" 이 한마디에 담긴 억울함과 분노는 수많은 여성의 가슴에 멍울처럼 남았으리라.

나는 이제 묻는다. '나는 나를 행위의 차원에서 받아들일 것인가, 존재의 차원에서 받아들일 것인가?' 이는 단순한 철학적 질문을 넘어, 내 존재의 가치를 스스로 인정할 수 있느냐는 물음이다. 아들러는 말한다. "나는 공동체에 유익하다. 누군가에게 도움이 된다." 이 주관적인 감각, '공헌감'이 바로 행복의 핵심이라고.

이 말을 곱씹으며, 헌신적으로 자녀를 키워온 어머니 세대가 떠오른다. 그분들은 분명 가정이라는 공동체에 가장 큰 공헌을 하셨다. 하지만 시간이 흐르고, 몸이 아프고, 누군가에게 도움을 줄 수 없는 순간이 온다면? 그때도 과연 자신이 가치 있다고 느낄 수 있을까. 존재 자체로 행복해질 용기를 과연 낼 수 있을까?

    고령화가 빠르게 진행되는 사회 속에서 '낀 세대'의 고민은 날로 깊어진다. 부모님의 건강, 자녀의 독립, 자신의 노후. 이 모든 것을 어깨에 짊어지고 걷는 길은 외롭고 무겁다. 하지만 노 철학자 김형석 교수님은 말씀하신다. "인생의 황금기는 60세에서 75세사이다." 시기와 질투, 좌절과 시련을 겪으며 '지금, 이 순간'의 소중함을 깨닫게 된다는 그 말씀에 위로를 얻는다.

    삶은 선이 아니라 점의 연속이다. 춤을 추듯 살아야 한다. '지금 여기'에 스포트라이트를 비추면, 과거의 후회도 미래의 불안도 그저 잠시 잊을 수 있다. 『미움 받을 용기』의 마지막 문장이 뇌리에 맴돈다. "행복이란 공헌감이다. 그리고 그 공헌감은 지금 여기에 있다." 이제는 미움 받을 용기뿐 아니라, 미움을 버릴 용기 또한 필요하다. 그리고 시샘 받을 용기, 시샘하지 않을 용기, 행복해질 용기, 불행을 버릴 용기까지. 어쩌면 이 모두가 결국은 '나를 온전히 받아들이는 용기' 아닐까.

> "용기란 두려움에도 불구하고 자기 자신으로 살아가는 것이다."　　　-아들러

싱싱고의 인생 타령

4장 겨울방학 타령

와!신난다 방학이다! 아이들이 신이났다.
책가방과 신발가방 현관앞에 던져놓고
어디론가 사라졌네 이제부터 어른비상
긴긴방학 무엇으로 먹여주고 놀아주고
방학생활 계획표를 어른먼저 세워야지

부모직장 출근하니 할미이제 황혼취업
근무자세 가다듬고 손주들과 조손유친
　　　　멋진기회 잡았다네

아침눈떠 오늘일과 머릿속에 스캔하고
나의루틴 책을읽고 스트레칭 온몸점검
그래좋아 오늘하루 이몸사용 정비완료

우리집의 살림살이 내아니면 누가하랴
차려먹고 뒷설거지 완벽하게 정리하고
부리나케 챙겨들고 걷기운동 300보로
가까운곳 딸네집에 도착하니 아직밤중
늦잠자는 아이들을 깨워놓고 주방으로
얼른퍼뜩 뚝딱뚝딱 늦은아침 차려주네

일흔, 지금 이 나이도 참 좋다

직장생활 해본경험 출근시간 전쟁이니
내몸챙겨 가기바쁜 뒤는몰라 도망치듯
가고난뒤 집안곳곳 난장판이 따로없네
청소하고 세탁하고 빨래널고 건조하고
점심먹고 한숨돌려 오후일정 점검하네

학원수업 들랑날랑 틈새이용 얼음썰매
친구태워 함께가니 와!신난다 추위몰라
아이들이 노는모습 동심세계 함께했소

방학동안 여행가고 체험활동 함께하니
삶의행진 신이나고 50여일 긴방학도
오늘로써 대장정을 보람있게 마친다오~ 얼쑤

5장

여행이라는 이름의
자유를 즐기기

길 위에서 나는 다시 살아난다

"나는 여행을 떠난다,
나 자신을 만나기 위해."
- 시몬 드 보부아르

1

50년 만에 "반갑다, 친구야."

오랜만에 모인 자리, 장난기 섞인 규칙이 웃음꽃을 피우는 데는 시간이 오래 걸리지 않았다. 강산이 다섯 번 변한 시간, 그 속을 헤치고 우리는 다시 만났다. 어느덧 인생의 고비 다섯 번은 훌쩍 넘기고, 백발이 성성한 모습으로, 주름진 미소로 서로를 마주한 시간. 찬찬히 들여다보니 20대 청춘일 때의 모습이 그대로 오버랩이 된다. "친구야, 반갑다."라는 인사가 얼마나 반가웠던지. 이름보다 먼저 불린 별명들, 젊은 날의 웃음소리, 그리고 수줍은 눈인사까지. 마치 어제 헤어졌던 친구들을 오늘 다시 만난 듯 마음은 그대로였다. 땅 끝이라도 달려가겠노라 다짐했던 그 마음은 현실이 되었다. 삶의 무게에 숙였던 허리와 어깨를 펴고, 잠시나마 현실의 짐을 내려놓은 자리. 그 자리에 함께한 체육, 무용반 친구들.

반세기 만에 마주한 얼굴에는 세월이 그려낸 흔적이 가득했지만, 그 속에는 여전한 열정과 우정이 살아있었다. 그리고 이날, 특별한 윷놀이 한 판이 벌어졌다. 말은 오직 한 마리, 우리는 모두 그 말을 차례로 굴려야 한다. 먼저 골인하면 오히려 벌금! 이기는 것이 곧 지는 것이라는 특별한 규칙. 서로 앞서려고 애쓰는 대신, 뒷도 하나에 안도하며 천천히 굴리는 윷놀이가 그렇게 재미있을 줄이야. 무엇보다 '천천히 가는 것이 편하다'라는 것을 그 웃음 속에서 배웠다. 우리 인생도 그렇게 너무 앞서려고만 하지 말고 때론 느긋하게, 내 속도로 걸어가 보자는 묵직한 깨달음이 깃든 시간이었다.

누군가의 초대에 흔쾌히 응답한 이들, 사진기를 들고 사진사를 자청한 나, 조금 서툰 손끝으로 추억을 담았다. '이 순간을 꼭 기억하고 싶다'라는 마음 하나로 기술은 부족해도 정성만큼은 가득 담았다. 필요한 사진은 맘껏 챙겨 가길 바라면서, 한참을 웃고, 이야기하고, 기억을 더듬다 보니 문득 하나의 말이 떠올랐다.

"一切唯心造(일체유심조)"
모든 것은 마음먹기 달렸다. 참 맞는 말이다. 그 오랜 세월 속에서도 서로를 잊지 않고, 그리워하고, 또 이렇게 달려와 준 것은 결국 우리 마음이 만든 기적 아니겠는가. 첫 모임을 마치고 나니 자연스레 나온 또 하나의 제안이 나왔다. "가을에 한 번 더 보자!" 모두가 환한 얼굴로 고개를 끄덕이며 만장일치로 땅·땅·땅! 곱게 물든 단풍 속에서 서울 시티투어하기로 의견을 모았고, 추진은 서울 친구들이 맡기로 했다. 멀리서 달려온 이들과의 포옹, 따뜻한 눈빛, 옛 추억이 겹쳐진 시간. 그 순간, 마음의 세로토닌이 팡팡 터지며 온몸에 행복의 향기가 퍼졌다. 우리가 그렇게도 바라던 '함께'였고, 그렇게도 기다렸던 '우리'였다.

다시 한번 다짐해 본다. 이남은 청춘, 붙들 수 있을 만큼 꽉 붙들고, 웃을 수 있을 때 더 많이 웃고, 사랑할 수 있을 때 더 많이 사랑하자고. 그

일흔, 지금 이 나이도 참 좋다

리고 가을, 단풍 빛 고울 때 서울에서 또 한 번 "친구야, 반갑다."라는 인사를 나누기를 기대하며 그동안 건강 잘 챙기자는 약속과 50년 만의 반창회는 그렇게 훈훈하게 마무리되었다.

"오래된 우정은 흐르는 시간 속에서 더 깊어지고, 마음의 청춘은 여전히 반짝인다."

- 싱싱고 단상

2
일훈 인생 오늘도 여행 중

갑진년 5월, 대학 졸업 50주년 기념행사에서 칠순 줄에 들어선 동기들을 다시 만났다. 반백 년 세월을 녹여낸 짧은 만남이 어찌 아쉽지 않으랴. 자연스럽게 "반창 모임" 얘기가 나왔고, 추진력 좋은 친구가 '단톡방'을 만들며 연락처까지 일사천리로 저장 완료!

참석하지 못했던 친구들에게도 소식을 전하며, 무용·체육 반 친구들 연락 닿는 데까지 모두 모아보자는 의견이 합쳐졌다. 일정 조율부터 현수막 제작까지, 누가 시키지도 않았건만 손발 척척 맞는 친구들 덕분에 모든 게 순조로웠다. 마침 펜션을 운영하는 친구가 있어, 모임 장소를 제공해 주겠다고 하니 금상첨화가 되었다. 여기서 가을에 서울 시티투어 하자고 약속한 날짜가 되어 들뜬 마음으로 서울행 ktx에 몸을 실었다.

사실 그사이 8월 폭염 속에서 달성 토성마을과 골목 투어. 계산 성당을 견학, 그곳에서 문화해설사 대금연주자로 활동하는 동기의 제안에 세 번째 뭉쳤다. 아마 우리 나이가 되었기에 가능한 일이었으리라. 공적·사적 일에서 벗어나 어깨의 짐을 덜고 나니, 가볍고 여유롭게 움직일 수

일흔, 지금 이 나이도 참 좋다

있는 시기. 인생의 황금기를 누릴 줄 아는 우리다. 물론 이 황금기는 네 박자가 맞아야 한다. 건강, 시간, 돈, 친구. 이 네 가지가 조화를 이루어야 진정한 축제가 되니, 지금, 이 순간이 고마울 따름이다.

이제는 누구 앞에서도 숨길 것도, 못할 말도 없다. 학교 다닐 땐 몰랐던 속 얘기까지 웃으며 풀어놓는 걸 보면, 우리 사이엔 이미 담을 쌓을 필요가 없다는 걸 안다. 살아온 세월, 산전수전 공중전을 다 겪고 나니 두렵지도 부끄럽지도 않다. 인간사란 게 거기서 거기 아니던가.

니 모습에서 내 모습이 보이고, 내 모습에서도 니 모습이 비치니, 괜히 아옹다옹할 필요 없음을 아는 것, 그것이 아마 인생 후반전이 우리에게 안겨준 값진 깨달음 아닐까.

자, 이제 본격적으로 서울 시티투어 타령 한 자락 들어갑니다.
따당 얼~ 쑤!

> 인생칠십 고래희라 옛날에는 드문일이
> 요즘백세 보통이라 남은여생 삼십여년
> 어쨌든동 건강하게 내삶네가 축제열어
> 예쁜단풍 곱게물든 아름다운 모습으로
> 재미나게 사는것이 나를위로 축배하네

서울에서의 하루, 먼저 덕수궁 돌담길을 걸었다. 고운 단풍 아래, 언뜻언뜻 옛 연인도 떠오르고, 영화 속 한 장면처럼 추억이 머릿속을 스쳤다.

대학로에서는 젊은 세대들의 열정이 넘실대는 거리에서 살짝 눈치도 보며 거닐었다. '사람 나면 서울 가고, 말 나면 제주 간다.'더니, 역시 서울이다.

이튿날엔 이층버스를 타고 시티투어를 떠났다. 외국인 관광객들과 함께 서울의 명소를 돌아보며, 마치 해외여행 온 듯한 기분! 남산타워에 올라 빨강, 노랑 절정의 단풍을 바라보며, 올가을 단풍 구경은 여기서 끝났구나 싶었다.

남산 팔각정에서 어처구니도 보고, 봉수대 교대식도 구경했다. 청계천 시작점의 다슬기 탑은 신기했고, 덕수궁의 단청은 오랜 세월에도 여전히 화려했다. 이 모든 순간이, 함께한 친구들 덕분에 더 아름다웠다.

무엇보다도 서울에 사는 친구의 수고가 컸다. 꼼꼼한 계획과 세심한 배려, 풍부한 먹거리까지, 오감 만족의 하루를 만들어 준 서울 친구들에게 박수를 보낸다. 돌아오는 길, 스마트폰 속 사진과 동영상은 추억을 저장했고, "아이고 다리야." 소리는 웃음과 함께 건강한 피로감을 남겼다.

이번 모임을 계기로, 우리는 다시 확인했다.
"여행은 어디를 가느냐보다 누구와 함께 가느냐."가 더 중요하다는 것.
그리고 "인생은, 정말 긴 여행이라는 것을."

하하 호호 웃음보약도 실컷 먹었으니, 심신 건강 잘 챙기고 체력도 쌓아 다음 만남, 내년 모임을 설레는 마음으로 기다려보자. 서울 시티투어.

일흔, 지금 이 나이도 참 좋다

구경 한 번 참 잘했네.

  얼~쑤~ 아이고 다리야!

"진정한 여행은 오랜 시간이 흘러도, 마음이 통하는 인연과 함께 걷는 길이다."

- 싱싱고 단상

3
제주 타령 들어보소

가을 하늘이 점점 높아진다. 얼마 전까지만 해도 폭염 속의 한가위를 보낸 것이 거짓말처럼 느껴진다. 계절의 속도에 마음이 따라가지 못할 만큼 폭염에 지쳤던 마음은 "이 또한 지나가리라." 어느새 높은 하늘을 보며, 이 말이 어쩌면 인류사에서 가장 인간을 위로해 주는 말이 아닐까 싶다.

이른 가을 나는 제주행 비행기에 몸을 실었다. 내가 사는 지역 공항에서 제주 직행은 처음이라 괜스레 설렘이 앞섰다. 비행기 창밖으로 보이는 구름 사이로 푸른 하늘이 펼쳐지니, 마치 도솔천이라도 다녀온 듯한 기분, 구름 위의 또 구름 하늘 위의 또 하늘, 천국이 있다면 이런 모습일까? 잠시 꿈결 같은 풍경에 빠져 있다 보니 벌써 제주다. 몇 번이나 와본 제주도이지만 개인적으로 온 제주도는 처음이기에 다시 낯선 이국의 공항에 내리는 기분이다.

제주에서의 일정은 단순 명쾌하다. 죽마고우와 함께 친구 집에서 머물며 '놀멍 쉬멍' 오랜만에 둘이서 소녀 시절을 되돌아보며 추억을 되새기

일흔, 지금 이 나이도 참 좋다

느라 밤을 지새웠다. 수다 삼매경에 빠져 마음에 흥건히 젖어 드니, 글로도 풀어보고 싶어 블로그가 재촉했다.

제주도 타령을 한바탕 불러보고 싶다. 가장 먼저 찾은 곳은 모슬포항. 그곳에서 유람선을 타고 처음으로 가파도에 올랐다. 현무암과 몽돌 자갈, 그리고 바닷바람과 햇빛에 반짝이는 제주 바다의 윤슬은 그야말로 장관이었다. 걷다 보니 공룡처럼 생긴 바위가 길을 막는 것처럼 튀어나와 있다. 마치 나를 마중 나온 듯 "어서 와, 가파도는 처음이지?"라고 말하는 것 같았다. 다가가서 공룡 입에 뽀뽀로 인사했다. "그래 처음이야, 만나서 반가워."

사람과 대화하듯 여행지에서 마주치는 특별한 순간들, 그 하나하나가 마음에 담긴다. 가파도를 반쯤 돌다 보니 유명한 짜장면집이 있었다. 놓칠 수 없는 초록 짜장면이다. 배꼽시계도 때가 되니 꼬르륵 알람을 울린다. 새싹 보릿가루를 넣어 만든 초록 짜장면에 단무지와 양파를 얹고 짜장으로 눈을 만들어 방긋 웃는 얼굴로 세팅했다. 기념으로 찰칵. 이 작은 섬마을에서 이렇게 특별한 맛과 만남이 있으니, 여행의 맛이 깊어진다.

가파 초등학교 앞을 지나며 마주친 독서하는 소녀상도 반가웠다. 초등 교사로 근무할 때 운동장 앞에 늘 있었던 동상들을 다시 보니 인상 깊었다. 책을 많이 읽으라는 무언의 메시지처럼 느꼈다. 그 풍경을 보며 이런 말이 떠올랐다. "여행은 걸으면서 하는 독서이고, 독서는 앉아서 하는 여행이다." 그래서일까 가끔 걷는 독서를 통해 세상을 직접 눈으로 보고 체험할 수 있다는 건 나에게 큰 기쁨이다. 눈에 담은 자연은 마음의 글감이 되고, 앉아서 책을 읽을 때는 그 기억들을 바탕으로 상상력을 마음껏 펼칠 수 있다. 이렇듯 여행과 독서는 서로 닮아 있다.

송악산 올레 길도 빼놓을 수 없다. 가까이 산방산과 송악산이 나란히 서 있고, 멀리 형제 섬과 마라도와 가파도가 보였다. 아빠 엄마 앞에서 형제들이 나란히 손을 잡고 가는 모습이다. 마라도는 아빠 섬이고 가파도는 엄마 섬이란다. 1시간쯤 걷다 보면 풍경이 "잘 왔다."라고 말을 걸어온다.

저녁 무렵, 송악산에서 바라본 일몰은 또 하나의 감동이었다. 붉게 물든 하늘 아래, 귀향하는 어선들의 행렬이 바닷길을 가르며 나아갔다. 그 모습에 나도 모르게 마음이 따라간다. 여행의 끝자락에서 집이 그리운 마음도 스며든다.

가파도와 마라도는 비록 조금 떨어져 있지만, 따로 운항도 되니 다음엔 마라도에도 가보고 싶다. 이국적인 풍경 속에서도 우리말과 우리글로 소통되니, 익숙한 정을 나눌 수 있는 곳이다. 한 달 살이나 사계절 내내 살아보고 싶을 만큼 매력적인 섬으로 제주도는 그 자체로 보물섬이다.

이번 여행을 통해 다시 한번 느꼈다. 부모님께 감사한 마음, 나에게 주어진 삶의 복, 그리고 이렇게 아름다운 자연을 누릴 수 있는 지금·모든 것이 감사하다. 또 친구와 함께할 수 있음에 이 감사한 마음을 고이 간직하며, 제주여행을 이쯤에서 마무리한다.

"여행의 참맛은 발걸음 속에서 삶의 리듬을 찾고, 걸음마다 새로운 세상이 열린다."

- 싱싱고 단상

4
손자와 함께한 캐나다 여행

　갑진년 나의 버킷리스트인, 손주와 함께하는 미 동부와 캐나다 동부 여행을 하고 있다. 긴 여정이지만 새로운 이국 풍경에 감동하며 오늘의 일정을 기대하며 출발했다. 1일차는 미국 경선을 넘어 캐나다로 입국하자마자 나이아가라 폭포를 하늘에서 내려다본 헬기투어와 온몸으로 폭포의 물살을 체감한 제트보트 투어. 저녁에는 조명으로 빛난 폭포 야경과 환하게 밝은 보름달까지, 그야말로 황홀한 풍경에 감동의 연속이었다.

　그다음 날 멋진 체험이 우리를 기다리고 있었다. 빨간 비옷을 입고 유람선을 타고 나이아가라 폭포 가까이 다가가자, 마치 거대한 물 커튼 안으로 들어가는 기분이었다. 물줄기에 온몸이 젖어도 사람들은 오히려 환호성을 지르며 즐거워했다.

　내 곁에는 키가 186cm나 되는 중학교 1학년 손자가 있었다. 한눈에 보기에도 어른 못지않게 훤칠한 모습에, 함께한 일행 중 한 분이 "키 큰 손주가 곁에 있으니 정말 든든하시겠어요." 하고 감탄하셨다. 그분 역시 중1 아들을 데리고 온 가족 여행 중이었는데, 또래라는 사실을 알게 되자

　　　　　　　　일흔, 지금 이 나이도 참 좋다

두 아이는 금세 친구가 되었다.

버스 안에서는 자연스럽게 같은 자리에 나란히 앉아 서로 좋아하는 게임 얘기며 운동 이야기로 시끌시끌하게 웃음꽃을 피웠다. 그렇게 또래의 대화에 푹 빠진 손자의 모습은 또 다른 기쁨이었다. 낯가림이 많을 텐데 싶었는데, 여행이라는 특별한 공간이 아이들끼리의 거리도 금세 좁혀 준 것이다.

세인트로렌스강의 레인보우 다리를 건너며 국경선을 넘는 경험은 손자에게도 나에게도 특별했다. 국경이란 개념이 조금은 막연했을 나이에 지금 여기까지가 캐나다, 저쪽이 미국이야 하고 설명해 주는 순간 그의 눈엔 새로운 세상이 담기는 듯했다.

토론토에서는 분수대 광장에서의 야시장과 거리 공연 CN 타워와 블루제이스의 홈구장까지 둘러보았다. 우리나라 류현진 선수가 몸담고 있었다가 작년에 이적했다고 한다. 천섬 크루즈를 타고 둘러보는 섬들, 그 위에 세워진 호화로운 별장과 전설이 깃든 성은 손자의 상상력을 자극하기에 충분했다. 세계의 부자들이 저기서 여름 보내면서 지낸다는 말에 진짜 부자들만의 천국인 듯했다. 천섬에서 가장 인상 깊은 장면은 세계에서 가장 짧은 국경선이다. 왼쪽의 큰 섬은 캐나다 땅이고 오른쪽 작은 섬이 미국 땅으로 연결된 다리 길이가 고작 10m라고 했다.

다음 이어지는 코스가 퀘벡이다. 중세 유럽의 골목길을 걷는듯한 분위기에 프랑스어가 자연스럽게 들리는 거리, 샤토프랑트낙 호텔의 웅장함에 감탄했다. 세계에서 가장 큰 크리스마스용품 가게에서는 세계 각국의 크리스마스용품을 구경하며, 기념품도 고르고, 동심의 세계를 상상하는 시간도 좋았다. 쁘띠 샹플랭 거리, 바로 〈도깨비〉 촬영지의 빨간 문 앞. 손자와 그 또래 친구가 번갈아 사진을 찍으며 진짜 여기서 도깨비가 나올 것 같아서 하고 깔깔 웃는 모습이 흐뭇했다.

손자와 함께한 이번 여행은 나의 청춘보다 더 빛나는 시간이었다. 어린 시절부터 내 품에 안고 키워온 아이가 이제는 나를 감싸는 듯 든든히 곁을 지키고, 새로운 인연과 친구를 만들어가는 모습에서 한없이 자랑스럽고 고마웠다. 지금, 이 순간이 눈부신 풍경을 손자의 마음속에 오래오래 담아주고 싶다. 그리고 언젠가 이 아이가 자라 오늘의 이 여행을 추억하며 삶의 넉넉한 사람이 되기를 바란다. 캐나다의 아름다움은 물론이고 그 아름다움을 함께 나눈 이 시간 나에게는 잊지 못할 한 편의 영화처럼 오래도록 남을 것이다. 가장 값진 유산은 함께한 순간들의 기억이다.

"추억은 마음의 씨앗이다. 잘 가꾸면 인생은 꽃으로 피어난다." - 아나이스 닌

일흔, 지금 이 나이도 참 좋다

5

27년 만의 꿈, 디즈니랜드

1997년 여름, 초등 영어교육 현지 연수를 위해 미국 서부 도시를 방문했다. 시애틀, 샌프란시스코, 멕시코시티, 로스앤젤레스, 그리고 하와이까지. 연수단의 일원으로 교육 현장을 견학하며 새로운 교육 방식과 수업 분위기를 체험한 시간. 그 여정의 끝자락에 들렀던 로스앤젤레스 디즈니랜드, '스몰 월드' 앞에 섰을 때, 가슴 한편에 다짐 하나가 스며들었다. '언젠가 우리 아이들과 꼭 다시 와야지' 하지만 돌아온 일상은 빠르게 흐르고, 아이들은 자라고, 교직 생활은 바쁘게 이어졌다. 그 후로도 세월은 흘렀고, 은퇴 후엔 손주들과 새로운 삶이 펼쳐졌다. 손주들과 보내는 매일은 분주하지만, 성장하는 손주를 보며 어느새 나는 할머니로서 새로운 꿈을 키우는 중이었다.

손주와 여행이 이루어지는 꿈. 미 동부와 캐나다 동부 여행을 끝내고, 미국에 사는 아들 집에서 머무는 중. 방학 끝자락에 가족 모두 디즈니랜드를 갔다. 2024년 여름 8월의 어느 평일 아침, 집에서 30분 거리 편도 7차선으로 디즈니랜드를 향한 출발은 놀랍도록 평온했다. 입장을 위해 줄을 서서 검색대를 지날 땐 공항보다 더 철저하게 꼼꼼하게 검색했다. 미리 준비한 티켓과 체험 예약 모든 것이 계획대로였다. 아들 부부와 세 명의 손주, 어른 셋 아이 셋, 손을 잡고 오픈 열차에 올라타 디즈니랜드로 향했다. 이때부터 벌써 신나는 노래와 미키마우스의 영상들과 환영의 팡파르가 울려 퍼졌다.

그곳은 여전히 꿈과 환상의 공간이었다. 미키마우스 체험존, 스타워즈의 세계, 정글을 달리는 인디아나 존스의 모험, 유람선 위에서 바라본 호수와 퍼레이드의 화려한 캐릭터들. 아이들의 눈망울에 맺힌 반짝임을 보며, 나는 문득 27년 전의 다짐을 떠올렸다. 그리고 '스몰 월드' 앞에서 다시 선 그 순간 지하 궁전처럼 이어진 수로를 따라 각국의 미니어처가 노래하고 춤추는 공간, 바로 여기였다. 1997년 교직의 사명감과 꿈을 안고 섰던 그 자리.

"할머니가 27년 전 여기에 너희 아빠 엄마를 데려오자고 마음먹었는데, 이렇게 너희들과 손자들까지 같이 왔네." 시간은 흐르고 기억은 흐릿해지지만, 마음 깊이 간직한 꿈은 사라지지 않는다. 오히려 그 꿈은 삶의 방향이 되고, 결국 나를 다시 그 자리로 데려다주었다. 지금 나는 열정 가득한 할머니로서 사랑을 아낌없이 주고 싶은 손주의 친구이며, 삶의 후반전을 '나답게' 살아가는 '시니어 블로거'로서 다시 꿈을 꾸며 살아간다.

돌아 나오는 길 야자수 그늘이 바닥에 길게 드리워지며 "27년 만에 꿈이 이루어졌네. 그것도 보너스로 손주들까지." 말하는 듯 잘 가라고 손을 흔들어준다.

"모든 사람에게 주어진 인생은 단 한 번뿐이니, 꿈을 품어라. 꿈을 계속 품고 있으면,
반드시 실현할 때가 온다."

- 요한 볼프강 폰 괴테

6
제주도에서 부른 노래

2002년 한일 월드컵에 감동 아직도 선명하다. '꿈은 이루어진다.'라는 슬로건처럼, 거리마다 울려 퍼지던 응원가와 붉은 티셔츠 물결. 태극기를 흔들며 외쳤던 그 함성. 모두 하나 되어 뜨겁게 뜨겁게 꿈을 향해 달려가던 그때처럼, 이번 제주 워크숍에서도 가슴 벅찬 순간이 있었다.

'다섯 손가락' 프로젝트는 디지털시대 서툰 신중년들에게 따뜻한 손을 내밀어준 작은 가르침에서 시작되었다. 리더분의 자기 성찰에서 깨달은 아이디어로 블로그 기초과정을 1기부터 10기까지 '다섯 손가락' 멤버를 구성, 글과 삶을 나누는 50명의 글 친구로 자랐다. 그리고 마침내 제주도에서 1기 멤버인 제주도 토박이인 블로그 이웃분의 제안으로 첫 오프라인 모임이라는 큰 결실을 보게 됐다.

처음엔 닉네임으로만 알던 분들이었지만, 글을 통해 서로를 읽어 온 터라 첫 대면이 전혀 어색하지 않았다. 화목원에서 점심을 함께하며 웃으며 인사하고, 서로의 손을 맞잡았던 그 따뜻함은 오래도록 잊지 못할 장면이다. 한라수목원을 산책하며 나눈 이야기들은 고향 친구를 다시 만난 듯 편안했고, 마치 오래된 동호회의 여행처럼 즐거웠다.

오후에 진행된 공식 워크숍은 그야말로 기대 이상이었다. 깔끔하게 준비된 회의장, 리더의 세련된 진행, 참여자가 진행하는 디지털 드로잉 연수, 작가들의 출판 이야기. 사진 촬영과 진행에 애써 주신 여러 '다섯 손가락' 글 친구들의 헌신까지, 모두가 주인공이 되어 각자의 자리에서 빛났고, 새해의 버킷리스트까지, 함께 만드는 시너지가 얼마나 놀라운지를 직접 느낄 수 있었다. 그리고 무엇보다 기억에 남는 건 그날을 추억하면 만들었던 '다섯 손가락' 노래였다. 이 모임은 단순한 만남을 넘어선 하나의 '작은 기적'이었다.

마지막 식사 자리에서 자연스럽게 다음 모임 이야기가 흘러나왔다. 누가 먼저라 할 것도 없이 다음은 문경에서 만나자는 약속이 오갔다. 제주에서의 첫 만남이 이렇게 멋지게 성공했으니, 이제 우리 여정은 계속 이어질 것이다. '다섯 손가락'이 하나 되어 걸어가는 길, 문경에서 다시 웃고, 다시 손을 맞잡을 그 날이 벌써 기다려진다. 디지털 세상 속에서도 따뜻한 마음이 오간다는 걸, 함께라면 나이도, 세대도 넘을 수 있다는 걸, 이번 워크숍이 증명해 줬다. 일흔 중반을 지나는 지금도 여전히 설레고 배우고 싶다는 마음은 살아있다.

꿈은 이루어졌다. 그리고 우리는 계속 이루어갈 것이다.

"새로운 만남과 꿈이 모여, 함께할 때 더 빛나고 희망이 부푼다." — 싱싱고 단상

7
노화와 노쇠는 다르다

어릴 적 나는 엄마의 손을 보며 깜짝 놀랐던 기억이 있다. 손등의 혈관이 불룩하게 튀어나오고, 군데군데 검은 점들이 자리 잡고 있었다. 나는 궁금해서 물었다.

"엄마, 엄마 손은 왜 이래?" 엄마는 태연하게 웃으며 대답했다. "너도 늙으면 이래 된다 아이가." 그때는 그 말의 의미를 깊이 알지 못했다. 그러나 세월이 흘러 얼마 전, 나 역시 손녀로부터 똑같은 질문을 받았다. 손녀의 해맑은 눈빛과 순수한 질문은 내게 어린 시절 내 모습과 겹쳐졌다. 순간 마음이 울컥했다. 이제는 내가 엄마의 말처럼 그 길을 걸어왔음을 새삼 느꼈다.

'그래, 나도 늙었네…….' 69세에 돌아가신 엄마보다 더 오래 이 세상을 살고 있으니, 자연스레 더 늙었지. 친정 엄마의 말이 그토록 담백했듯, 나도 이제는 자연스럽게 받아들여야 할 때가 되었다.

며칠 전 한 방송에서 '노화'와 '노쇠'는 같지 않다는 이야기를 들었다.

그동안 막연히 비슷한 개념으로만 생각했는데, 그 안에 담긴 차이를 알고 나니 귀가 번쩍 뜨였다. 두 단어 모두 나이 듦을 의미하지만, 그 깊이와 무게는 사뭇 다르다. 노화는 자연스러운 과정이다. 우리 몸은 시간이 흐름에 따라 다양한 변화를 겪는다. 피부의 탄력이 줄고 주름이 자리 잡으며, 근육과 뼈는 조금씩 약해진다. 기억력도 예전 같지 않지만, 대신 세월이 쌓아준 지혜와 여유가 있다. 감정 조절 능력도 오히려 좋아진다. 시력, 청력, 미각, 후각 등 감각기관의 기능은 점차 둔해지고, 기초대사율과 면역력 역시 떨어진다. 하지만 이는 누구나 겪는 자연스러운 변화이며, 건강한 생활 습관과 긍정적인 태도만 유지하면 충분히 활기찬 삶을 이어갈 수 있다.

노쇠는 다르다. 노쇠는 신체적·정신적 기능이 현저히 약화돼 일상생활이 힘들어지는 상태다. 예기치 않게 체중이 줄고, 근력과 보행 속도가 눈에 띄게 감소하며 쉽게 피로를 느낀다. 활동량이 줄고, 기억력과 판단력도 점점 흐려진다. 사회적 고립감이 깊어지면서 대인관계도 위축된다. 노쇠의 주요 원인은 근감소증, 만성질환, 영양 불균형, 운동 부족 등으로 다양하다. 다행히도 균형 잡힌 식사, 규칙적인 운동, 사회적 활동, 정기적인 건강검진 등을 통해 예방하거나 늦출 수 있다.

의학 저널 〈Lancet〉에 따르면, 65세 이상 인구의 약 10%만이 진정한 '노쇠' 상태에 해당한다고 한다. 이는 대부분 노인이 여전히 건강한 삶을 영위할 수 있다는 희망적인 소식이다.

나는 지금 어디쯤 와 있을까? 문득 생각해본다. 나는 지금 자연스러운 노화의 과정을 걷고 있는가, 아니면 노쇠의 문턱에 서 있는가? 내 생활 습관은 건강한 노화를 지향하고 있는가, 아니면 무심코 노쇠를 방치하고 있는 건 아닌지 점검해 본다.

'세월 앞에 장사 없다'라는 말처럼, 우리는 모두 나이를 먹는다. 그러나 그 말의 속뜻은 결코 체념이 아니다. 젊었던 나와 지금의 나를 비교하며 괴로워하기보다는, 오늘 이 순간이 앞으로의 삶에서 가장 젊을 때라는 사실을 기억하며 살아가야 한다. 지금, 이 순간을 즐기고, 더 나은 나를 만들어가는 것이야말로 삶의 지혜다. 노화는 피할 수 없지만, 노쇠는 선택할 수 있다. 누가 노쇠를 선택할 이유가 있겠는가? 몸 건강. 정신 건강으로 나를 돌보고 사랑하며, 싱싱하게 살아가리라 다짐해 본다.

> "진정한 젊음은 세월의 흔적 속에서도 마음의 불꽃을 지키는 것이다." **-무명작가**

8
내 삶에 온기를 남기는 방법

　온종일 바쁜 손은 쉴 새 없이 움직였지만, 마음은 조용히 머무르는 질문 하나에 집중하고 있었다. '나는 왜 글을 쓰는 걸까?' 내면의 목소리와 대화를 나누듯 조심스레 물어보았다. *"왜 글을 쓰니?"* 그러자 마음 한편에서 따뜻한 대답이 흘러나왔다. *"생각들이 떠오를 때마다 흘러가지 않도록, 그 순간의 느낌을 붙잡아두고 싶어서. 지금 이 마음을 언젠가 다시 꺼내 볼 수 있도록…."*

　글을 쓰기 시작하면, 말하듯 자연스럽게 생각들이 문장으로 줄줄이 따라 나온다. 감정이 생각을 이끌고, 생각이 또 다른 기억을 데려온다. 그럴 때면 마치 아기에게 젖을 먹이고 난 후, 서로가 고요하게 만족한 그 순간처럼 내 마음도 편안해진다. 돌아보면 나는 오랜 세월을 글과 함께 살아왔다. 초등학교 5학년 시절부터 용돈 기록장을 쓰기 시작했고, 지금도 50년 넘게 가계부를 써오고 있다. 내 손글씨 하나하나 속에는 시간, 마음, 그리고 내가 살아낸 하루하루가 담겨 있다.

　그리고 인생의 어느 날, 나는 더블와이파파[15] 님을 만나 '다섯 손가락'[16]

멤버가 되는 행운을 얻었다. 기초 글쓰기 강의를 들으며 말로만 머물던 생각들이 글이 되는 즐거움을 배우고 있다. 글에도 호흡이 있고, 감정의 색이 있다는 걸 이제는 조금씩 느껴간다. 무엇보다 내 글쓰기 여정에는 사랑스러운 지원군이 함께한다. 바로 나의 손주다.

처음 블로그를 시작할 때, 줌(ZOOM) 화면을 쉽게 사용할 수 있도록 프로그램을 설치해 주고 어려운 부분이 있을 땐 망설임 없이 도와주는 손주의 존재가 이 여정에 얼마나 큰 힘이 되는지 모른다. 그 아이 덕분에 나는 지금도 줌 강의를 듣고, 배우고, 글을 쓰며 날마다 새롭게 살아간다. 그리고 지난 어버이날, 아들이 나에게 노트북을 선물해 주었다. 그 손길엔 말보다 큰 사랑이 담겨 있었다. '엄마가 더 편하게 글을 쓰길 바란다.'라는 그 마음에 가슴이 찡해지고 눈시울이 붉어졌다. 그 따뜻한 마음 덕분에 나는 오늘도 글을 쓴다. 내 삶의 온기를 남기기 위해. 나를 사랑해 주는 이들과 나의 시간을 함께 나누기 위해 글을 쓴다.

글을 쓴다는 건 내 삶을 더 깊이 껴안는 일이다. 그리고 나를 둘러싼 사랑을 다시 한번 깨닫는 일이다. 내 삶의 흔적 가계부는 50여 년의 내 삶을 품고 있다.

"글 한 줄에 내 마음을 담고, 이웃과 나누는 따뜻함이 삶의 온기가 된다." - 싱싱고 단상

---

15 신중년을 위한 글쓰기 및 전자책 코칭을 통해 인생 후반전의 이야기를 함께 써 내려가는 콘텐츠 기획자. 『마흔에 깨달은 인생의 후반전』을 집필하였다.
16 한 달 동안 함께 글을 쓰며 손끝에 마음을 담는 신중년들의 작은 온라인 커뮤니티 공동체. 더블와이파파가 이끄는 블로그 글쓰기 모임이다.

9

닦고, 조이고, 기름 치자

"닦고, 조이고, 기름 치자." 이런 말 어디선가 본 듯한 문구다. 맞다. 동네 자동차 정비소 간판에서 익숙하게 마주치는 말이다. 자동차를 안전하게 잘 굴리기 위해 항상 정비하자. 라는 표어다. 그런데 이 단순하고 투박한 문장이 내 삶을 설명하기에도 참 잘 어울린다.

나는 지금, 매일 매일의 삶을 정비하며 살아간다. 하루를 정비하고, 공간을 정비하고, 마음을 정비하면서. 나는 습관적으로 물건을 사용하는 날 사용날짜를 꼭 네임라벨에 유성 펜으로 써서 붙인다. 주로 유통기한이 있는 식자재나 화장품 등. 그러다 보니 매월 1일은 '우리 집 환경 정비의 날'로 정했다. 칫솔을 전부 교체하고, 행주를 종류별로 새것으로 바꾸며, 가스레인지 후드의 기름때도 녹여내는 작업을 한다. 거실 매트와 방석 커버는 세탁기 속으로 들어가고, 침대 매트와 이불 및 베개 커버도 세탁 후 건조기에서 섬유의 먼지를 털어내고, 햇빛 아래 말려진다. 정수기 필터는 자가 교체, 냉장고와 냉동고는 다시금 재정비된다.

살림살이 하나하나, 내 손을 거쳐야 직성이 풀린다. 단지 깨끗함을 위한 정리가 아니라, '살림과 삶을 내 손으로 돌본다.'라는 만족감 때문이다. '스불재'라 했던가, 스스로 불러온 재앙, 마음을 만족시키기 위해 몸을 혹사해 피곤함을 자초한다는 말, 웃기지만 맞는 말이다. 살림을 이렇게 루틴으로 관리하게 된 데엔 나름의 계기가 있었다. 작년 10월엔 〈냉파 한 달 작전〉을 감행했는데, 냉동실 속 떡 종류들이 고추장 담을 때 사용된다는 내용을 블로그에 올리자 이웃들이 놀라워했다. 내가 주로 사용하는 말, "있는 반찬 먹기 작전", "냉장고 파먹기 작전". 사실 정리란 결국 이별이다. 버릴 건 과감히 버리고, 남길 것은 제자리를 찾아주는 것. 나에겐 정리정돈이 단순히 청소나 수납이 아니라, 나의 살림살이를 정렬하면 내 마음도 반듯하게 제자리에 놓인듯하다.

혹자는 그런 나를 보고 약간의 강박이라 할 수도 있겠다. 실제로 하루 두 번 환기하는 것만은 내 옆 사람의 빠지지 않는 루틴이다. 매일 아침 날씨 예보 앱을 열어보며, 공기의 질을 확인하고 환기를 한다. 이것도 코로나 이후의 루틴이다. 코로나 팬데믹으로 가까이 있는 가족들이 다 걸렸어도 우리 부부는 잘 지내왔다. 그런데 이젠 마스크를 꼭 안 해도 제재가 없는 완화 기간에, 안타깝게도 옆 사람이 스크린골프에서 묻혀온 코로나 오미크론 바이러스에 부부가 스스로 자가 격리를 했다. 아이들과의 거리도 두고 외출도 삼갔다. 그렇게 조심해도 인생엔 예상치 못한 변수가 찾아온다. 그래도 괜찮다. 내 손으로 내 삶을 관리한다는 자긍심은 변하지 않으니까.

우리 집이 반짝반짝 고급스럽거나, 세련된 인테리어로 치장된 건 아니지만, 모든 물건이 제자리에 있을 때 느끼는 평온함과 만족감은 무엇과도 바꿀 수 없다. 나는 성격유형 MBTI로 따지자면 'J' 기질이다. 계획하고, 정리하고, 마무리하는 데서 오는 안정감은 내 삶의 연료와도 같다. '일체유심조(一切唯心造)'. 모든 것은 마음먹기에 달렸다는 이 불교 철학처럼, 내 삶은 내가 만들어가는 것이라 믿는다. 지금은 블로그라는 또 하나의 세상을 탐험하며, 내가 살아온 날들과 살아가는 오늘을 함께 나누는 중이다. 정성껏 살림을 돌보고, 하루하루의 시간을 닦고 조이고 기름 치며. 그렇게 나는 오늘도 나의 삶을, 나만의 방식으로 정비해 나가고 있다.

> "반짝반짝 작은 손길 하나가, 살림도 반짝, 삶도 반짝이게 한다."　　　**– 싱싱고 단상**

싱싱고의 인생 타령

5장 서울시티투어 타령

인생칠십 고래희라 옛날에는 드문일이
요즘백세 보통이라 남은여생 삼십여년
우짜든동 건강하게 내삶내가 축제열어
예쁜단풍 곱게물든 아름다운 모습으로
재미나게 사는것이 나를위로 축배하네

오십년전 만난인연 반세기를 지나오니
옛날에본 그들부모 다시살아 오신듯이
우리모습 닮아있네 공적사적 업무해방
어깨짐을 내려놓고 황금같은 남은여생
재미나게 살아보세

사는곳이 다다르니 우리나라 수도서울
모든교통 중심지라 각자알아 모여보소
지상지하 얽혀있는 교통망이 거미줄로
오백원의 경로카드 유용하게 사용되네

덕수궁의 돌담길을 옛날연인 생각난듯
단풍곱게 물든길에 상상속에 영화한편
찍어보며 추억했네

걸어봤나 대학로를 온갖문화 창조거리
젊은세대 놀이터라 물흐릴까 눈치봤네
사람나면 서울가고 말이나면 제주가고
　　　그말실감 역시서울

그다음날 시티투어 이층버스 올라타니
해외여행 온거같이 각나라의 여행객들
낯선언어 혼선빗네 남산타워 높은전망
고개젖혀 쳐다보고 빨강노랑 절정단풍
올가을의 단풍구경 여기에서 다했다네

서울친구 수고했소 계획이며 진행이며
먹거리도 풍부하게 오감만족 감동으로
행복추억 가득저장 분기별로 꺼내보며
　　　일년내내 행복할듯

하하호호 웃음보약 실컷먹고 왔으니까
심신건강 보존하고 체력증진 함양하고
내년모임 설레는맘 간직하고 기다리소~ 얼쑤

6장

계절의 아름다움을
느끼기

사계절은 인생의 얼굴이다

"자연은 서두르지 않지만
모든 것을 이룬다."
- 노자

1

나는 농부다

"*나는 농업인이다!*" 이 말을 때론 소리쳐 외치고 싶다.

엄동설한을 버틴 배추가 노란 꽃으로 나비를 불러오고, 봄바람에 살랑거리는 예쁜 꽃을 아깝지만 뽑아 작은 양동이에 꽂아놓고, 봄 농사 준비에 바삐 손을 놀린다. 거름을 넣고 밭고랑을 뒤집고, 흙과 거름이 잘 섞이도록 쇠고랑으로 일일이 저어가며 밭을 일군다. 씨앗을 뿌릴 밭을 다듬고, 모종을 심기 전 구멍마다 물을 가득 채우는 일. 그 모든 준비 끝에야 작은 모종 하나를 정성스레 심을 수 있다. 어느새 줄기들이 자라고, 덩굴손들이 줄을 타며 저마다의 생명을 뻗어간다. 식물이 다치지 않게 부드러운 노끈으로 줄기를 고정해줄 때마다, 식물과 나 사이에 생명의 대화가 오가는 듯하다.

텃밭 농사는 단지 채소를 키우는 일이 아니다. 어느새 내 삶의 중심, 내 마음의 풍경이 되었다. 때론 바쁨에 치여 밭에 눈 맞춤이 뜸하면, 몰라볼 만큼 쑥쑥 자라난 열매들이 "우리 좀 봐줘요!"하고 몸짓을 보낸다. 그런 식물들에 다가가 속삭인다. "*오구구 예쁜 내 농작물*". '농작물은 주인의 발걸음 소리를 듣고 자란다.'라는 말이 있다. 그 말처럼 내 발걸음이 닿은 밭에는 생명이 반짝인다. 지나가던 이들이 *"밭이 참 예뻐요"* 말해줄 땐, 괜스레 어깨가 으쓱해진다. *"아직도 모르는 게 많아요."* 겸손히 대답하지만, 속으로는 고래가 춤을 춘다. 그렇게 기분 좋은 날엔 뭐라도 더 나눠드리고 싶어진다. 토마토, 가지, 고추, 오이, 상추 등 있는 대로 따다가 드린다.

문득 옛 교직 생활이 떠오른다. 3월, 새 학기 교실 꾸미는 그 분주한 시기. 교실 환경을 정리하며 '올해 농사'라 부르듯 아이들 마음의 밭을 일구던 시간들. 어느 날, 한 아이가 교실에 들렀다 말했다. *"선생님! 재미있는 거 왜 혼자 하세요?"* 그 말이 계기가 되어, 이후부터는 교실 꾸미기 같은 재미있는 일들을 아이들과 나눴다. 내 일을 줄여준 고마운 아이들. 그 아이들이 가르쳐준 지혜는 지금도 내 밭에서 자라고 있다. 텃밭일, 누가 시킨 것도 아닌데 어쩌면 이리 재미있을까. 하지만 이제는 그렇게 묻는 사람도 없다. 줄기 하나하나를 매어주며 나는 지금도 혼자만의 재미에 빠져 산다. 다음엔 또 어떤 재미있는 일거리가 날 기다릴까, 설레는 마음으로 밭으로 향한다.

은퇴 후 13년, 손주를 돌보고, 봉사와 독서로 채운 시간들. 그 삶의 결이 농사일과 다르지 않다. 내 마음을 다해 정성을 들이면, 어느새 그 정성은 나에게 되돌아온다. 내 삶의 철학은 늘 같다. *"일체유심조(一切唯心造) — 모든 것은 내 마음이 만들어간다."* 그러니 오늘도 난 씨앗을 심고, 기다리며, 웃는다.

> *"흙을 돌보듯 마음을 돌보고, 씨앗 속에 숨은 우주를 희망이라 부른다."* **- 싱싱고 단상**

일흔, 지금 이 나이도 참 좋다

2

안녕? 나의 텃밭

손주와 잠시 외유를 마치고 한 달 만에 다시 찾은 텃밭. 안녕? 하고 인사를 건넸지만, 텃밭은 이미 낯선 풍경으로 나를 맞이했다. 한동안 내 발길이 닿지 않은 사이, 농작물과 잡초들이 서로 키 재기를 하듯 얽히고설켜 있었다. '농작물은 농부의 발자국 소리를 들으며 자란다.'라는 말이 무색하게, 이 친구들은 농부의 부재에도 불구하고 제멋대로, 또 제 나름대로 잘 자라 있었다. 사실 그동안 많이도 보고 싶었다. 하지만 연일 날아오는 폭염 안전 문자가 나를 붙잡았다.

"일 최고 체감온도 33℃ 이상 지속 중. 야외활동 자제 바랍니다." 연방 띵동띵똥 울리던 안전안내 문자. 특히 고령자에겐 더욱 조심하라는 친절한 경고. 내 나이쯤 되면, 이런 문자가 농사보다 더 무겁게 다가온다. 나 역시 조심해야 하기에, 폭염 수칙을 철저히 지켰다. 사실, 너무 더워서 꼼짝 하기 싫었다는 게 솔직한 심정이지만. 드디어 마음을 다잡고 오래간만에 텃밭으로 향한 그날, 풀숲을 헤치며 들어가자마자 눈이 휘둥그레졌다. 세상에나, 애호박은 제때 수확하지 못해 누렇게 늙은 호박이 되어버렸고, 오이는 야구방망이처럼 우람해졌다. 방울토마토와 고추는 가지마다 빨갛게 익어가며, 주인을 기다린 듯 반짝이고 있었다. '썩지 않고 기다려줘서 고맙다'라는 말이 절로 나왔다.

"미안미안, 너무 늦어서 미안." "오구구 예쁜 내 농작물들, 고맙데이!" 그렇게 인사를 건네며 수확을 시작했다. 잡초를 뽑다 말고, 덥고 힘들어서 일 욕심은 접고, 얼른 수확물만 챙겨 차에 실었다. 그리고는 '엑소더스' 하듯 후다닥 귀가했다. 집에 와서 펼쳐놓고 보니, 시골 장터라도 열린 듯한 풍경. 덕분에 늦여름 식단은 그야말로 풍성 그 자체다. 애호박 볶음에 토마토 샐러드, 싱싱한 오이로 만든 냉채까지. 삼시 세끼 메뉴 걱정은 해결!

그리고 특별히 손맛 발휘해서 만든 양배추김치. 일반 물김치 방식으로 담갔지만, 그 맛이 더욱 깔끔하고 속이 시원하다. 텃밭이란 참 묘하다. 땀 흘린 만큼만 보답하는 게 아니라, 때론 농부가 자리를 비워도 기다려주는 너그러움도 있다. 그 정성 덕분에, 나는 오늘도 살아 있음을, 계절을 느끼며 사는 기쁨을 배운다.

> "삶의 자리에서 홀로 견디는 시간들이 모여, 진정한 생명의 무게로 성장한다."
> - 싱싱고 단상

일흔, 지금 이 나이도 참 좋다

3

풀 멍 해보셨나요?

2023년 6월 11일 아침, 주방 창으로 보이는 우리 집 뒤 수리지 연못의 고요한 수면을 보며, 문득 떠오른 단어 하나. '풀 멍' 요즘 유행처럼 번지는 '멍' 시리즈 속, 내 마음에 가장 오랫동안 머무는 단어다. 불 멍, 물 멍을 지나 풀 멍이라니, 나는 자주 풀 멍에서 만사를 잊는다.

코로나 팬데믹을 지나 어느덧 '엔데믹'이라는 이름으로 숨 돌릴 여유를 찾아가는 요즘. 이른 아침부터 캠핑카를 끌고 캠핑장으로 향하는 가족들을 흔히 본다. 캠핑장마다 빼곡히 들어선 캠핑카와 글램핑 시설들, 떠나는 캠핑카를 보면 설렌다. 코로나가 잠잠해지기 시작하던 때 남해 독일마을로 캠핑카를 끌고 동생과 함께 갔던 장면이 떠오른다. 저녁을 마치고, 모닥불 앞 의자에 푹 묻혀 뜨끈한 머그잔을 두 손에 감싸 안은 채 바라보는 불꽃의 춤. 타닥타닥, 불꽃은 때로 밝아지고 때로 어두워지며 내 마음의 어지러움을 정리해 준다. '불 멍' 그 단순한 바라봄 속에 깃든 위로. 아무 생각 없이 불을 바라보는 것, 그 자체가 어쩌면 마음의 청소일지도 모른다.

그러다가 문득, 우리 엄마가 생각난다. 시골 부엌 아궁이에 불을 지피며 허리를 펴지도 못하고 하루를 버텨내던 시절. 어쩌면 그 잠깐의 틈, 장작불 앞에 앉아 계셨을 때가 엄마만의 불 멍 시간이 아니었을까. 삶의 무게를 잠시 내려놓는, 소중한 여백.

물 멍도 그에 못지않다. 계곡물 흐르는 소리를 들으며, 물결 따라 눈을 맡기다 보면 어느새 숨결도 고요해진다. 생각만으로도 숲속의 맑은 공기와 서늘한 물안개가 느껴진다. 물 멍은 눈과 귀로 즐기는 평화다.

그렇다면 '풀 멍'은 어떤가. 이건 좀 다르다. 불 멍과 물 멍이 수동적인 멍이라면, 풀 멍은 능동적인 멍이다. 움직이면서도 비우는 묘한 시간. 풀 뽑기는 단순한 노동처럼 보이지만, 그것을 '멍'의 세계로 끌어들이면 전혀 다른 풍경이 펼쳐진다. 여기 하나, 저기 또 하나. 손끝으로 전해지는 흙의 감촉과 뿌리가 뽑히는 힘겨루기의 그 느낌, 그리고 잡초가 사라진 자리의 후련함. 마치 '두더지 잡기' 놀이처럼 여기저기 옮겨 다니다 보면 시간은 어느새 훌쩍 지나 있다.

허리를 펴며 "아고 아이고" 소리가 절로 나오지만, 눈앞에 펼쳐진 before & after의 극명한 대비에 피곤도 잊는다. 그 고된 수고 끝에 마주하는 성취감이란, 작지만 확실한 기쁨이다. 대규모 농장이라면 아마 농약 회사와 협업을 해야 하지 않을까. 나만의 작은 텃밭에서는 이 풀 멍이야말로 최고의 힐링이다. 아무에게 보여주지 않아도 좋다. 나를 위한 시간, 그 순간만큼은 잡초 하나 뽑으며 나의 에고를 하나씩 뽑아내듯 나를 비우는 느낌이다.

풀 멍은 잡념을 걷어내고 마음의 먼지를 털어주는 시간이다. 느리고 조용한 초록의 리듬에 손잡아 춤을 추듯. 어느새 잡초보다 더 얽혀 있던 내 마음의 실타래가 조금씩 풀리는 걸 느낀다. 아무것도 안 하는 멍 때리기 보다는 이렇게 조금씩 움직이며 나를 돌아보는 멍, 바로 풀 멍이 좋다. 요즘은 풀 멍 하러 자주 간다. 나의 작은 텃밭 식구들의 안부가 궁금해질 때마다 달려간다.

"풀 멍, 오늘 하루의 스트레스는 풀과의 한판 씨름으로 날려버리자." **- 싱싱고 단상**

4

계절에 맞춰 익어가는 삶

절기 망종(芒種). 까끄라기 '망'(芒), 씨앗 '종'(種). 벼나 보리 같은 곡식의 씨를 뿌리기 좋은 시기라는 뜻이다. "보리는 망종 전에 베라"는 말처럼, 이 무렵이면 밭을 갈고 모내기를 서두르는 농촌의 손길이 분주해진다. 조합장님이 보내주신 문자 한 통 덕분에 망종이란 절기를 다시 떠올리고, 이 시기의 자연스러움에 귀 기울이게 되었다. 이즈음이면 살구와 매실이 제때 익어가며, 너무 늦으면 스스로 뚝뚝 떨어지니 아까워진다. 그래서 오늘, 살구 따러 나섰다.

나뭇가지마다 종알종알 매달려 있는 살구들. 꼭 아기들이 옹기종기 모여 수다 떠는 것처럼 보였다. *"내가 제일 예쁘지?" "아니, 나도 예뻐요!"* 붉은 뺨을 살짝 내민 듯한 살구들이, 햇살에 볼그스레하게 물들었다. 조심조심, 상처 나지 않게 따서 바구니에 담는다. 살구 특유의 포슬포슬한 질감과 복숭아보다도 더 사랑스러운 크기. 바구니 안에는 노란 해가 가득 담긴 것 같았다. 낮에도 피어 있는 낮 달맞이꽃과 함께하는 나의 작은 농장. 이곳은 나만의 자연드림 마트이자 치유의 공간이다. 채소, 과일, 꽃, 씨앗, 심지어 벌과 나비, 새소리까지…. 모든 생명이 서로를 부르며 자라고 있다. 물론 반갑지 않은 잡초들까지도. 잡초는 늘 나보다 한발 먼저 자라나며, 뽐내듯 키 재기를 한다. 사람도 너무 뽐을 내면 미워지듯이, 잡초들이 미움 받을 짓을 한다. 사랑의 반대말이 무관심이라 했든가. *"미워해도 좋으니 손길 한번 주세요."* 관심을 자청한다.

텃밭 수확은 언제나 '나눔'으로 이어진다. 봉지, 종이 가방에 담아 지인들과 이웃들에게 나누어 드린다. *"제가 농사지은 거예요."* *"유기농이라 껍질째 드셔도 됩니다."* 자랑 반 기쁨 반. 따뜻한 인사를 얹어 전하는 그 순간이, 농사꾼으로서 가장 큰 보람이다. 오늘 저녁은 수확의 기쁨을 담아 식탁을 차렸다. 냉면 위에 살구와 앵두, 오이절임을 곁들여 더운 날씨에 입맛을 돋우었다. 평소엔 꺼내지 않던 예쁜 식탁보도 꺼내고, 살짝 들뜬 마음으로 사진도 찰칵. 이 순간을 저장했다.

'망종', 종알종알 말 거는 살구와 함께한 하루. 한 해의 절반이 가까워져 오는 이 시기, 자연이 알려주는 속삭임을 귀하게 받아 적는다. 나의 농장 한쪽 구석, 누구도 심지 않은 앵두나무 한 그루가 해마다 의연하게 빨간 구슬들을 매단다. 앙증맞고 빛나는 열매들이 초록 잎 사이사이에서 숨바꼭질하듯 얼굴을 내민다. 손주들과 함께 불렀던 동요가 생각나서 흥얼거려 본다.

"초록초록 가지에 빨간빨간 앵두가…" 작은 손으로 앵두를 따던 그 아이들이 이제는 훌쩍 자랐지만, 그 웃음소리는 여전히 내 귓가에 선명하다. 앵두는 예쁘기만 한 줄 알았는데, 효능도 많다. 관절염, 피로 해소, 빈혈 예방, 심지어 수면의 질까지 높여 준다니, 자연이 주는 선물은 참 넉넉하고 지혜롭다. 다만 씨앗에는 독성이 있으니 꼭 주의해야 한다. 매실청처럼 앵두청 담글 때도 기록해 두고, 시기를 놓치지 않고 건져내야

하는 번거로움조차도 나는 감사히 감당한다. 그건 생명을 지키는 자연의 방식이니까. 생명은 늘 경계와 균형 위에 있다는 걸 자연은 잊지 않고 알려준다.

　농사는 기다림의 예술이다. 계절 따라 달라지는 작물의 얼굴을 보며, 오이, 애호박, 토마토에 줄을 매어주고, 다음 주에는 매실을 따야겠구나. 스케줄을 짜며 하루하루를 산다. 비 맞은 흙냄새, 이마에 맺힌 땀방울, 그리고 푸릇푸릇 자라나는 생명들…. 이 모든 게 나의 일상이고 기쁨이다. 나는 이제 텃밭 농사 20년 차 농부다. 이제는 땅과 함께 세 번째 인생을 살아가는 중이다. 책을 읽고, 생각을 나누고, 블로그에서 하루를 나누며 느끼는 이 삶은, 분명 나만의 방식으로 잘 살아가고 있다고 본다. 그래서 오늘도 나는 내 마음 안에 작은 우물을 파고, 그 곁에 앵두나무 한 그루를 더 심는다. 앵두는 반짝이고 살구는 종알종알, 사람도 나무처럼 제철에 맞춰 익어간다는 걸 배워가며, 즐겁게 흙을 만진다.

> "자연의 리듬 속에서 삶도 서서히 익어가듯, 가장 아름다운 열매는 제때 익는 법을 아는 사람이다."
> **- 싱싱고 단상**

5

딸기잼과 살구잼 이야기

시골에 사는 친구 집 마당, 장독대 옆엔 작지만 정갈한 딸기밭이 있다. 고랑이 세 줄, 마치 기역 자 싱크대처럼 반듯하게 놓인 모습이 눈에 그려진다. *"오늘 저 딸기 다 따가. 이제 막물이야. 딸기잼 만들어."*

해마다 친구가 만들어 보내주던 그 딸기잼의 맛을 알고 있으니, 말이 떨어지기 무섭게 대야부터 챙겼다. *"싹쓸이해도 되것제?" "그럴수록 나는 좋지. 며칠 후면 또 익는다니까."* 본격적인 농활 모드 장착. 초록 잎 사이로 숨은 빨간 딸기들을 찾으며 보물찾기하듯 한 줄기씩 따내는 재미란! 대야는 금세 수북했고, 친구도 능숙한 손길로 함께 딴다.

"우와 왕건이다! 이거 먹어봐." 막 딴 큼직한 딸기 하나를 건네주는 친구. 한 입 베어 무니 과육은 부드럽고 즙은 달콤하다. 마트 딸기와는 비교 불가다. 친구네 마당은 그야말로 소농의 보고. 부지런한 부부의 손길이 닿은 텃밭엔 온갖 작물들이 자랄 채비를 마치고 있었다. 그렇게 한가득 얻은 먹거리를 차 트렁크에 싣고 집으로 돌아오는 길은, 친정엄마가 바리바리 챙겨준 듯한 푸근함이 묻어났다.

급선무는 바로 딸기! 씻고, 꼭지를 따고, 냄비에 담아 설탕을 넣는다. 3kg의 딸기에 80% 설탕이면 2.4kg인데, 집에 있는 설탕은 1.7kg. 부족한 건 아침 운동 나간 남편에게 심부름! *"들어올 때 설탕 좀 사오세요!"* 설탕이 도착하자 다시 끓이기 시작. 냄비 바닥에 눌어붙지 않게 2시간 동안 계속 저어준다. 찬물에 한 숟갈 떠 넣으니 퍼지지 않고 그대로. 성공이다! 소독한 병에 하나하나 담으며 드디어 완성된 나의 첫 수제 딸기잼. 나이 들어 처음 해보는 경험이란 게 이렇게 설레고 보람찰 줄이야.

딸기잼을 만들며 새삼 생각했다. 한 음식이 내 입에 들어오기까지 얼마나 많은 손길을 거치는지. 감사하지 않을 수 없다. 식사 전 기도가 단순한 의례가 아니라 마음의 예절이 되어야 할 이유다. 쌀(米) 자를 봐도, 八(여덟)이 두 번, 十(열)을 더해 총 88번의 손길이 밥숟가락에 오르기까지 이어진다니, 우리가 누리는 식탁은 그야말로 기적이다.

그동안 딸기잼 만들어준 친구에게도 고마움이 새삼스러워졌다. *"친구야, 수고했데이. 이젠 내가 직접 만들게." "자식보다 자네가 좋고, 돈보다 자네가 좋아. 자네와 난 보약 같은 친구야."* 어쩜 이 노래가 나를 위해 불러준 것 같아 저절로 흥얼거려진다. 며칠 전엔 딸기잼, 그리고 오늘은 살구잼! 요리사도, 조리사도 아닌 내가 어쩌다 이렇게 만드는 재미에 빠졌을까?

이웃 블로그 친구의 권유로 도전한 살구잼 만들기. 내 작은 농장엔 유실수들이 한가득 자란다. 살구, 매실, 대추, 감, 무화과, 앵두나무…. 봄이면 두릅과 엄나무, 참가죽의 새순도 따먹는다. 무엇보다 자연 속에서 하루하루가 새롭고 즐겁다. 매년 6월 초순쯤이 본격적인 살구 수확의 계절이다. 높은 가지는 사다리를 타고, 농기구로 끌어당겨 땄다. 시골살이의 기본은 도구와 부지런함이다. 작지만 있을 건 다 있는 내 텃밭 농장.

살구 1.4kg, 씨를 빼고 단 무게다. 설탕 1kg. 조금 덜 달게 만들고 싶어서다. 블렌더로 살살 갈아 저어가며 1시간 동안 끓였다. 딸기잼보다 묽게 끓이니 식혀도 퍼지지 않고 숟가락으로 뜨기 좋은 상태. 성공이다! 오늘 아침엔 만든 살구잼으로 샌드위치를 만들어 먹었다. 삼시 세끼 밥만 먹는 일상에서 잠시 벗어난 작은 기쁨. 상추 돌나물김치까지 곁들이니 식탁이 풍성해졌다.

'農者天下之大本'[17] 농업은 세상의 근본이라는 말, 실감 난다. 어제 살구 다 따서 다행이지, 오늘은 비가 내려도 걱정 없다. 농사꾼은 하늘과 동업하는 사람. 때를 아는 촉이 중요하다. 내 삶, 내 손으로 만든 음식 한 숟갈. 그 속에 자연과 사람, 정성과 시간이 담긴다. 그래서 오늘도, 감사히 먹고 기쁘게 산다.

> "자연이 준 작은 선물도 정성으로 빚으면 달콤한 행복이 된다." - 싱싱고 단상

---

17 農者天下之大本 (농자천하지대본) : 농업(農業)은 천하의 사람들이 살아가는 큰 근본이라는 말. 농업을 장려하는 말.

6

마늘밭 이삭줍기

"농활은 언제 오시 남유? 사흘째 땡볕 아래라우." 오랜 친구에게서 문자가 왔다. 은퇴 후 고향에서 농사짓고 사는 친구인데, 요즘 마늘 캐는 철이라 엄청 바쁜 듯 긴급문자가 도착했다. 그 말 한마디에 함께 갈 수 있는 우인에게 바로 연락했고, 마침 별다른 일정도 없어 번개팅하듯 차를 몰고 출발했다. 요즘은 이런 말이 없어진 지 오래되었지만 '농번기 휴가'를 낼 만큼 등교를 중지하고 농사일을 도우라고 휴가까지 줬다. 고양이 손이라도 빌리고 싶은 바쁜 철이라고 하니 말이다.

사실 우리 세대에게 '농번기 휴가'라는 말은 낯설지 않다. 학창 시절, 보리 베기며 모심기하며 '가정실습'이라는 명목 아래 학교 대신 논밭으로 가서 일손을 돕던 그 시절. 선생님은 '보리 이삭 한 되씩 주워오기'라는 과제를 내주기도 했다. 요즘 아이들이 들으면 이해가 잘 안 되는 이야기지만, 그땐 다들 그게 당연했다.

이번에는 마늘밭이다. 요즘은 기계로 마늘을 뽑지만, 그래도 사람이 할 일이 꽤 많다. 기계가 뽑아놓은 마늘 중엔 이리저리 찍히거나 반쯤 베인 것들도 있다. 그런 건 상품으로는 못 쓰지만, 그냥 버리기엔 아까워 따로 모았다. 일종의 '마늘 이삭줍기'를 했다. 겉모습은 조금 상했어도 온전한 마늘쪽은 양념용으로는 충분하다. 마늘은 아무리 많아도 유용하게 잘 쓰인다.

마늘 없는 우리 밥상을 생각해 본 적 없다. 김치 담글 때, 각종 양념장에, 고기 먹을 때, 찌개 끓일 때도 한 숟갈. 게다가 요즘은 마늘장아찌며, 구운 마늘, 흑마늘 까지 건강식품으로도 인기다. 또한, 면역력엔 마늘이 최고임을 모르는 사람이 있을까.

친구 말에 따르면 "마늘은 1년 농사 중 가장 손 많이 가지만, 제일 쓸모도 많다."라고 한다. 기계화가 됐다고 해도 마지막 손길은 여전히 사람 몫이다.

날씨가 심상치 않다. 저 멀리서 검은 구름이 밀려오고, 바람도 슬슬 불기 시작하니, 마음이 바빠졌다. 비가 오기 전까지 마늘의 흙을 털고, 나란히 눕히고, 묶어서 차에 싣기까지 해야 하니. "비구름아, 1시간만 머물러 다오."라고 기도하는 맘으로 중얼거리던 친구의 말을 들었는지, 운 좋게도 마늘을 다 챙겨 집에 오자마자 빗방울이 떨어졌다. 후드득, 후드득. 지붕을 두드리는 소리와 함께 시골 마당의 흙냄새가 진하게 풍겨왔다. 요즘 도시에서 맡기 힘든 자연의 냄새였다. 갑자기 친구가 옛 노래 한 소절을 흥얼대자, 동시에 따라 불렀다. 대청마루에 앉아 내리는 비를 보며 소녀 감성으로 돌아갔다.

"빗소리 들으면 떠오르는 모습" 일을 마친 뒤 친구가 준비한 저녁상에는 당연히 마늘이 빠지지 않았다. 마늘장아찌, 마늘종 볶음, 심지어 마늘을 듬뿍 넣은 된장국까지. 온몸은 뻐근했지만, 그만한 보람이 있었다. 손수 캔 마늘로 일 년 식량을 챙겼다는 뿌듯함, 그리고 오랜 친구와 함께 땀 흘린 하루.

가끔은 이렇게 바쁜 농사철 하루를 보내고 나면, 마음도 몸도 싹 정화되는 기분이다. 그리고 무엇보다, 이런 삶을 함께 나눌 친구가 있다는 사실이 참 고맙고 든든하다.

요즘은 도시 사람들도 주말농장, 귀농 체험 같은 거로 흙을 만질 기회가 많아졌지만, 우리 세대에게 농사는 '체험'이 아니라 삶 그 자체였다. 그 시절을 다시 한번 떠올리며, 먹거리 장만에 늘 고민이었던 부모님들의 수고가 어떠했을지 이제야 몸소 체험했다. 여름이 가까워지는 초저녁 시골의 풍경은 어린 시절로 돌아가는 순간이동이 어렵지 않다.

"작은 것도 쓸모가 있고 귀하게 여길 때, 삶은 풍성해진다." - 싱싱고 단상

일흔, 지금 이 나이도 참 좋다

7

보약 같은 친구

보약 같은 친구, 마늘장아찌 그리고 나의 계절을 노래한다.

해마다 초여름이 되면, 나에겐 빠지지 않는 연중행사가 하나 있다. 바로 마늘장아찌를 담그는 일이다. 그냥 반찬 한 가지쯤으로 여겨질 수도 있지만, 나에게 이 장아찌는 단순한 음식 그 이상이다. 절친한 친구가 해마다 정성껏 챙겨주는 생마늘 한 접 100통이다. 그 마음이 고맙고 따뜻해서, 장아찌를 담그는 손길에도 언제나 감사함이 배어든다.

지난주에도 친구 집 농활을 마치고 싱싱한 마늘을 한 아름 얻어왔다. 덕분에 올해도 어김없이 '우리 집 밥상의 보약'을 손수 준비할 수 있었다. 예전엔 요리를 그저 살림살이 일부로 여겼지만, 이제는 삶의 한 장면, 계절과 마음을 담아내는 작업이 되었다. 특히 장아찌처럼 오랜 시간 기다림이 필요한 음식은, 내 인생의 지혜와 인내를 담아내는 소중한 기록 같다.

마늘장아찌는 내 건강을 지켜주는 수호천사다. 면역력에 좋다는 건 익히 알고 있지만, 무엇보다 이 장아찌엔 친구의 마음, 계절의 손맛, 그리고 나의 생활이 고스란히 스며있다. 잘 차려진 밥상이 아니더라도 하나둘 장아찌를 집어 먹을 때면, 난 늘 속으로 이렇게 말한다.

"이게 다 너 덕분이야. 오래오래 잘 지내자, 우리."

지구촌의 몸살 코로나 팬데믹으로 꼼짝없이 집안에서만 지낼 때, 이 마늘장아찌 덕분에 밥상의 보약처럼 생광스럽게 먹으며 친구에게 감사했다.

살림이 손에 익은 지도 벌써 수십 년. 요리사는 아니지만, 나는 계절이 주는 식자재로 다양한 장아찌를 담가왔다. 머위, 고추, 깻잎, 양파까지. 각각의 재료는 각각의 향과 맛을 품고 있지만, 그 공통점은 '지금'이라는 시간의 선물이라는 점이다. 지금 담가야 내내 먹을 수 있는 밑반찬처럼, 삶도 지금 애써야 오랫동안 풍요로울 수 있다.

이제는 뒤 베란다에 놓인 항아리를 볼 때마다, 마음속으로 다시 한번 다짐한다. 건강하게, 감사하게, 그리고 오래오래 잘 지내자고. 나와 가족을 생각하고, 마늘을 챙겨주는 보약 같은 친구를 떠올리며. 이번에 담은 장아찌 사진을 찍어 친구에게 보낸다.

인생 뭐 있어? 마늘장아찌 한 조각에, 맛있게 먹는 가족의 웃는 얼굴 하나면 충분하지. 그런 일상 속에서 나는 오늘도 삶을 담그고, 계절을 저장한다.

"건강 부자야말로 누구도 부러울 게 없다."　　　- 싱싱고 단상

일흔, 지금 이 나이도 참 좋다

8

늙은 호박을 잡았다

아침 인사를 "안녕하세요?" 대신 "진지 드셨습니까?"라고 묻던 시절이 있었다. 밥이 곧 삶의 안부였고, 식구란 말 그대로 '같이 밥을 먹는 사람들'이었다.

요즘은 간편식 하나로 아침을 해결한다는 얘기를 쉽게 듣는다. 친구들뿐만 아니라 가까이 있는 딸네 집도 그렇다. 하지만 우리 집 아침은 여전히 식탁이 꽉 찬다. 밥, 국, 김치, 반찬 두어 가지는 기본이고 냉장고에 있던 장아찌며 마른반찬까지 꺼내면 아침부터 열두 가지 반찬이 차려진다. 그럴 땐 괜히 숫자 세며 웃는다.

"우와 12첩 반상이네!" '젓가락 갈 데 없다'라는 말 안 듣기 위해 잔뜩 차려내는 것도 사실이고, 이 정도쯤은 차려야 "뭐 먹노?" 소리 안 듣는 집밥 자존심도 지킬 수 있다.

오늘은 아침보다 점심 준비가 더 바빴다. 뒤 베란다에 모셔둔 오래된 늙은 호박을 꺼냈다. 손질이 좀 귀찮지만, 안 하면 상할 것 같아서 큰맘

먹고 '호박 잡기 대작전'에 들어갔다. 친구들끼리 "오늘 *늙은 호박 하나 잡았어.*" 이렇게 말하면, 뭔가 큰일 해낸 느낌이다.

호박을 삶아서 부드럽게 간 뒤, 병에 담아 냉장 보관해 두고, 마실 땐 꿀 한 스푼 넣어 빙글빙글 저어주면 시원하고 달콤한 호박 주스가 완성된다. 큰 호박 하나만 잡아도 양이 많아서 먹기 좋은 크기로 썰어 냉동 보관했다. 이걸로 나중에 호박죽이나 호박범벅을 해도 좋다. 냉동고 자리를 오랫동안 차지하지 않도록 얼른 먹거리를 만드는 것도 주부의 지혜다.

호박은 참 쓰임이 많다. 죽, 범벅, 전, 튀김, 부침개, 수프까지 어떻게 요리하든 어울리는 식자재다. 몸에도 좋은 데다 맛도 부드럽고 단맛이 돌아 아이들 간식으로도 손색없다.

호박의 영양은 말할 것도 없다. 항산화 작용을 하는 베타카로틴, 면역력 높여 주는 비타민 A, C, E, 피로회복에 좋은 비타민 B 군까지 자연이 준 슈퍼푸드가 따로 없다.

"호박이 넝쿨째로 굴러들어 왔다."라는 속담이 있다. 뜻은 말 그대로 뜻밖의 큰 행운이 굴러들어 왔다는 의미다. 호박넝쿨에 달려있는 호박잎과 애호박도 따 먹듯이 한꺼번에 좋은 일이 많이 생겼다는 얘기다. 이 속담처럼 쓸모가 많은 사람이 되었으면 좋겠다.

서양에서는 호박이 또 다른 모습으로 등장한다. 10월 말이 되면 집마다 호박을 파서 눈, 코, 입을 만들고 그 안에 불을 밝힌다. 바로 '잭오랜턴(Jack-o'-lantern)'이라는 이름의 핼러윈 장식이다. 아이들은 귀신 분장을 하고 이 집 저 집 다니며 사탕을 받는다. "Trick or treat!" 하고 외치면, 달콤한 사탕이나 초콜릿을 바구니에 담아 준다. 하나의 재미있는 기부 행사라고 한다.

우리와는 달리 서양에선 호박이 조금 더 '행사용' 이미지지만, 그들도 가을이면 호박 수프, 호박 머핀, 호박 라테까지 만들어 먹는다. 이렇게 보면 세계 어디서든 호박은 사람들 마음을 따뜻하게 채워주는 존재인 듯하다. 우리나라 울릉도 호박엿이 생각난다. 울릉도 호박엿을 안 먹어본 사람 있을까?

손 많이 가는 줄 알면서도 굳이 호박을 손질하고, 주스를 만들고, 여러 가지 음식으로 만드는 이유는, 이 작은 수고가 사람들과 나누는 기쁨으로 돌아오기 때문이다. 그게 어쩌면 내 일상에 넝쿨째 들어오는 행운 아닐까.

오늘도 늙은 호박 한 조각에서 시작됐다. 그리고 그런 소박한 순간들이 내 하루를, 내 인생을 더 따뜻하고 든든하게 채워준다.

"호박과 사람도 늙어가는 것이 아니라, 익어가며 더 달고 단단해진다." -싱싱고 단상

9

일년 양식 김장김치

2024년 겨울이 오기 직전, 또 한 번 김장을 둘러싼 고민에 빠졌다. 해마다 텃밭에서 키운 무와 배추로 김장을 준비하곤 했는데, 올여름의 폭염이 심상치 않았다. 너무 더워 파종 시기를 놓쳤고, 겨우 살아난 작물들은 벌레 먹고 제대로 크지 못했다.

'그냥 사 먹을까….' 생각하다가도 냉장고 속 고춧가루며 젓갈이며 김장용 양념이 자꾸 눈에 밟히니 망설임만 길어진다. 그 와중에 친구가 자기는 배추가 넉넉하다며 가져가라고 하니, 덕분에 트렁크 가득 배추 실어와 김장 준비에 다시 불이 붙었다. 친구가 지은 배추와 내가 키운 배추가 비교된다. 우리 밭 배추 1.7kg, 친구 밭 배추 4.7kg. 어른과 아이 같다. 좋은 배추로 김장을 해야 묵힐수록 맛도 좋다는 걸 그동안의 경험으로 안다. 올해도 김치 다섯 통 반, 백김치 한 통을 담갔다. 체력은 예전 같지 않지만, 손맛만은 여전하니, 그것으로도 감사한 일이다.

김장할 때면 늘 떠오르는 장면이 있다. 가을의 끝자락 초겨울로 접어들어 서리가 내리면 식물들도 이젠 성장을 멈춘다. 이때부터 집집마다

일흔, 지금 이 나이도 참 좋다

김장 준비에 흥겨운 분주함이 들려왔다. 이웃끼리 품앗이로 서로의 집 김장을 도와주며 온종일 웃음이 끊이지 않던 그 풍경.

　오늘은 이 집, 내일은 저 집 돌아가며 김장하던 시절. 주인은 수육을 삶고, 갓 담근 매콤한 김장김치에 수육 한 접시 올려 이웃들에게 대접하곤 했다. 배추김치 잎에 싸서 한입에 넣으면 매콤하고 구수한 그 맛에 *"와 이 맛이야!"* 하며 쌈을 볼 가득 넣은 채 웃음이 터질 듯한 장면이 눈에 선하다. 무엇보다 선명히 기억나는 건, 김장하시던 엄마의 손. 고무장갑도 없던 시절 빨갛게 물든 손이 밤에는 아려 끙끙 호호하시던 모습이 안쓰러웠다. 나는 지금도 김장할 때 고무장갑의 혜택을 보며 그때의 엄마 손을 떠올리게 된다. 엄마가 빨갛게 무친 배추 속잎 하나를 쏙 떼어 내 입에 넣어주시면 "아구 매워 호호" 하면서도 그게 그렇게 맛있고 좋았다. 양념 냄새가 코끝을 간질이고, 장독대 옆에 쪼르르 앉아 작은 손이지만 이것저것 심부름하며 함께 김장했던 그 시간은, 지금도 내 기억 속에서 김치 냄새처럼 진하게 남아있다.

　요즘은 절임 배추도 배달되고 양념도 다 만들어줘서, 하루면 김장을 끝낼 수 있는 세상이다. 정말 편해졌다. 하지만 나는 아직도 아날로그 방식이 좋다. 절이고 씻고, 썰고 무치고, 그 손길마다 온기가 느껴지니까. 손수 절인 배추에 양념을 바르고, 속 재료를 넣어 돌돌 말아 통에 차곡차곡 눌러 담는 그 과정이, 나에겐 그냥 음식 만드는 걸 넘어 한 계절을 담는 일이다.

　김장 끝낸 날엔, 배추의 겉잎 데쳐 냉동실에 넣고, 고추 짠지며 무말랭이, 오그락지[18]도 양념 묻힌 김에 마저 챙긴다. 한 해 겨울을 든든하게 책임질 밑반찬들이다. 친구네 밭에서 캐온 냉이는 뿌리에 묻은 흙을 여러 번 씻어 살짝 데쳐 잘게 나눠서 된장찌개용으로 준비하고, 도구들도 싹 씻어 정리하니 묵은 숙제를 마친 것처럼 개운하다. 지금은 김치 열다섯 포기만 담가도 힘에 부치지만, 그래도 다 담그고 나면 마음이 흐뭇해진다. 개미가 겨울나기 준비하듯, 조용히 차곡차곡 쌓아두는 겨울 양식.

그 안엔 한 해의 정성, 엄마의 손맛, 이웃의 정이 고스란히 배어 있다. 김치 한 조각 찢어 따끈한 밥 위에 얹어 먹을 때면, 그 시절 웃음과 온기가 떠오른다. 그래서 나는 해마다 김장을 한다.

> "천 리 길도 한 걸음부터라면, 겨울 준비도 김장김치부터."   **- 싱싱고 단상**

---

18 무말랭이를 깨끗이 씻어 고춧가루, 볶은 깨, 말린 고춧잎과 찹쌀로 만든 풀에 섞어 버무린 반찬.

일흔, 지금 이 나이도 참 좋다

싱싱고의 인생 타령

6장 김장타령

지난여름 유례없는 한반도의 폭염으로
계절바뀜 미덥잖아 늦게서야 무씨파종
배추모종 옮겨심고 무우싹이 올라오나
배추모종 벌레먹나 자주자주 살펴봤네
비가오면 왠지흐뭇 평소에는 못느낌을
자연혜택 감사한맘 이럴때엔 농부마음
하눌님과 협력체결

가을단풍 언제봤나 짧은가을 휘딱지나
기상이변 눈폭설로 가을인듯 겨울인듯
이제슬슬 김장준비 에그머니 우리배추
날못채워 성장못해 칠삭동이 어쩔거나
이참졸업 김장하기 맛있는집 소문듣기
망서리고 있는중에 우리친구 배추농사
풍년이네 가져가게 차트렁크 가득실어
가져와서 김장준비

옛날에는 집집마다 삼백포기 보통으로
겨울양식 김장김치 다양하게 만들었네
온갖젓갈 동원하고 종류별로 단지묻고
백김치며 동치미며 총각김치 보쌈김치

일흔, 지금 이 나이도 참 좋다

그동안에 삭힌채소 고추짠지 깻잎짠지
고들빼기 오그락지 우리엄마 손빨갛게
고무장갑 없는시절 밤새호호 손따가워
고생하신 그모습을 이제서야 느껴지네

요즘세월 편리하게 절임배추 양념준비
다해주고 배달하니 하루만에 김장완료
진짜정말 편해졌네 아날로그 방식대로
수십년을 김장하는 그습관을 못버려서
올해역시 배추절임 양념준비 사흘나흘

준비과정 길지마는 김치양념 무칠때는
속도빨라 쓱쓱싹싹 배추잎에 빨간양념
옷입혀서 돌돌싸서 차곡차곡 꼭꼭눌러
김치통에 담아놓고 겨울양식 저장해논
개미동화 토끼동요 생각하며 흐뭇하네

지금 이 나이를 즐기기

이 나이에 웃을 수 있다면, 그게 행복이다

"나이 들며 가장 멋진 일은,
나답게 살아가는 것이다."
- 캐서린 헵번

1

이 나이에 이런 꿈을!

〈첫 번째 꿈 이야기〉

눈을 뜨기 전, 잠결 속에서 머무는 꿈의 여운이 참 따뜻하고, 황홀한 기분에 한동안 눈을 감은 채 곰곰이 꿈을 되새겨 봤다. 마치 오래된 영화의 한 장면처럼, 흐릿하지만 분명히 느껴졌던 그 분위기. 아마도 마음 한편, 잊고 지냈던 로맨스에 대한 그리움이 만들어낸 상상의 세계였나 싶다. 이 느낌 사라지기 전에 얼른 글로 표현해 봐야지.

꿈속의 장면을 떠올리며,

그곳은 마당이 넓고 뜨락이 높게 이어진, 양옥 단독주택. 현실에선 살아본 적 없는 공간인데도 어쩐지 낯설지 않았다. 신혼이라 불릴 만한 시절, 하얀 앞치마를 두르고 CD플레이어에서 흘러나오는 음악을 들으며 뜨락을 빗자루질 하던 나. 검정 슈트에 넥타이를 휘날리며 출근이 늦었다며 후다닥 뛰어가다 컴퓨터 충전기를 깜빡했다고 다시 뛰어오는 남편. 까만 외제 차 로고가 붙은 세단 옆에서 아들의 출근을 배웅하러 마당으로 나와 계신 시어머니. 이상하게도 익숙하고 자연스러운 풍경이었다. "여보, 점심때 회사로 가져와요."라고 말한 그의 목소리에 마음이 사르르

녹던 그 순간. 레스토랑에서 점심 데이트를 꿈꾸며 CD 볼륨을 키우던 나. 아, 그 황홀한 설렘. 눈을 떴는데도 아직 그 기분이 잔잔히 마음에 머물고 있다. 너무 생생해서 얼른 글로 붙잡아두고 싶었다.

하지만 현실은? 신혼 시절 마당 있는 집에 살아본 적도, 회사에 다니지도 않았을 뿐 아니라, 출근하는 남편을 배웅한 적도 없다. 나 역시 출근 준비에 바빴으니까. 그때 그 시절에는 '컴퓨터'라는 단어도 들어본 적 없었고, 자가용은커녕, 외제 차 이름도 모르던 시절, 게다가 꿈속의 그 남편과 시어머니는, 현실의 그분들이 아니었다. 이 무슨 시추에이션? 너무 황당해서, 너무 웃겨서, 너무 달콤해서 자꾸만 피식피식 웃음이 나왔다.

꿈은 가끔 이렇게, 현실을 살짝 비켜나간 곳에서 내 마음속 갈망이나 상상을 보여주는 것 같다. 어쩌면 이건 '다시 신혼 시절을 리셋하고 싶은' 마음이었을 수도 있고, 혹은 드라마 속 주인공처럼 설레고 싶은 무의식의 표현일지도 모르겠다. 사실 평소 TV 드라마는 거의 보지 않는다. 책은 장르 불문, 눈에 띄는 대로 잡고 읽지만, 그런데 이런 드라마 같은 꿈은 처음이다. 꿈속 세상, 참 요지경이다. '누구 해몽 좀 해주실래요?' 이 나이에 이런 꿈을 꾸다니, 참 귀엽기도 하고 황홀하기도 하다. 부끄러움보다 즐거움이 앞서 이렇게 글을 쓰면서도 미소가 저절로 지어진다. 살아있는 동안, 이런 뜻밖의 선물 같은 꿈도 삶의 일부라는 걸 느끼며, 현실은 꿈같지 않아도, 꿈은 가끔 현실보다 더 위로된다.

〈두 번째 꿈 이야기〉

물살이 시원하게 흘러내리고, 아침 햇살이 산 그림자를 부드럽게 밀어 올리는 그 장면이 지금도 눈앞에 선하다. 오늘 새벽, 나는 또 하나의 생생한 꿈을 꾸었다. 우리 집 뒤편 주방 창문 너머로 펼쳐진 풍경은 현실이라 기엔 너무나도 환상적이었다. 마치 알프스 같은 거대한 산줄기와 그 사이를 흐르는 푸른 계곡. 맑은 물이 힘차게 흐르다가 때로는 파도를 일으키듯 물살이 튀어 오르고, 그 장면 하나하나가 너무 멋져서 나는 급히 카메라를 꺼내 촬영을 시작했다. 해가 떠오르며 산 위로 그림자가 스르르 올라가는 모습은 장엄하면서도 경이로웠다. 나는 남편을 향해 외쳤다. "여보, 이리 와 이것 좀 보세요!" 너무도 진지하게, 너무도 현실처럼. 그러다 문득 깨었다. 꿈이었다. 하지만 그 감정과 장면은 현실보다 더 선명했다.

꿈속에서 찍은 사진도 현실에서 볼 수 있다면 얼마나 좋을까. 나는 가끔 꿈속 세상이 현실처럼 느껴질 때가 있다. 오히려 현실보다 더 진하고, 더 찬란하게 다가온다. 깨어있는 동안은 잊고 지내던 감각들, 자연의 경이로움, 소중한 사람과의 나눔, 놀라움과 감탄. 그것들이 꿈속에서는 놀라울 만큼 선명하게 살아난다. 꿈은 나에게 또 다른 현실이다. 우리가 잊고 있던 마음의 풍경을 비추는 거울처럼, 어쩌면 내 마음 깊은 곳의 소망이자 쉼터인지도 모르겠다. 오늘의 이 꿈은, 내게 다시 한번 말해주는 듯하다. 삶은 매일 반복되는 현실 속에서도 얼마든지 환상적일 수 있다고.

"꿈은 현실과 달라도, 달콤한 꿈 한 자락에 미소를 지으며 마음이 젊어진다."

- 싱싱고 단상

2

사생(四生)의 갑진년

동지팥죽 한 그릇에 온몸이 따뜻해지고, 24절기의 마지막을 보내며 문득 뒤돌아보니, 아… 또 한 해가 이렇게 가는구나 싶다. 갑진년, 청룡이 하늘을 날 듯 기운찬 한 해였다고 자부하지만, 그만큼 내 영혼도, 육신도 참 바쁘게 살았다. 농익은 시간이 켜켜이 쌓여 마치 폭폭 김 오르는 시루떡 한 시루를 쪄낸 듯하다. 그 시루떡, 나와 인연 맺은 모든 이들에게 한 조각씩 나누어 드리고 싶다.

"수고했어요. 건강하세요." 하고 따뜻이 웃으며. 올 한 해를 돌아보며 문득 이런 생각이 들었다. 나는 '사생(四生)의 세계'를 살아냈다고. 왜 네 가지 세계냐고? 하루하루 나의 삶을 가만히 들여다보면, 나는 늘 네 개의 세계를 넘나들고 있었다. 현실 세계, 독서 세계, 블로그 세계, 그리고 꿈의 세계.

자, 그럼 갑진년 사생 타령, 지금부터 들어보소

첫째, 현실 세계
눈을 뜨자마자 시작되는 일과. 삼시 세끼 밥상을 준비하고, 가족의 건강을 챙기고, 때론 손주들을 돌보며 삶을 굴리는 톱니바퀴처럼 바쁘게 돌아간다. 가족 행사, 집안 행사, 사회적 약속들, 그리고 그 속에서 틈틈이 배우고 즐기는 취미활동까지. 가장 먼저 챙겨야 할 건 단연 건강이다. 내 건강은 내가 지켜야, 가족에게도 부담을 주지 않는다. 요즘은 역효도란 말도 있듯이 부모가 건강해야 자녀들에게 걱정을 안 끼친다는 말이 있다. 인생이란 생로병사, 희로애락의 연속이라지만 피할 수 없다면 즐기며 가야지. 힘든 날이 있어도, 웃음 잃지 않고 살아가는 것, 그게 곧 현실 세계에서의 지혜 아닐까.

둘째, 독서 세계

하루 24시간, 누구에게나 공평하다. 그중 일부를 떼어 독서에 몰입하면 전혀 다른 세계가 열린다. '독서는 앉아서 하는 여행이고, 여행은 걸어가면서 하는 독서'라고. 내가 가만히 앉아 있어도, 책을 통해 세계를 여행하고, 다른 이의 눈과 마음으로 세상을 바라보게 된다. 철학에서 소설까지, 심리에서 자기계발까지, 다양함은 곧 나의 스펙트럼이 되었다. 읽고, 깨닫고, 느끼는 그 모든 순간이 살아있음을 느끼게 했다. 독서 세계는 나에게 조용하지만 가장 깊은 자극과 위로를 주는 세계였다.

셋째, 블로그 세계

책을 꾸준히 읽다 보니, 어느 순간 나도 쓰고 싶어졌다. 그래서 블로그 문을 두드렸다. 내 마음을 솔직히 담아낸 글들, 누군가가 공감해 주고 댓글로 소통해 줄 때 느끼는 그 짜릿함! 현실에선 말하지 못한 속마음을 글로 풀어내니, 이곳은 또 다른 나의 세계가 되었다. 글로 맺은 이웃들과 주고받는 일상, 정보, 감정, 그리고 웃음. 이 블로그 세계는 나에게 무릉도원 같은 존재다. 시공을 초월한 따뜻한 인연, 너무나도 고맙고 소중하다.

넷째, 꿈의 세계

몸이 지치고 나면, 잠으로 재정비하는 시간. 이 하루의 삼 분의 일을 차지하는 잠 속에서 또 하나의 세계가 열린다. 때론 예지몽, 때론 해괴한 꿈들, 도무지 해석할 수 없는 것들도 있지만, 그 속에서 나의 잠재의식을 들여다보고, 삶을 되돌아보는 힌트를 얻는다. 꿈은 현실의 반영일 수도 있고, 반대일 수도 있다. 일희일비하지 않으며, 다만 나를 성찰하는 또 하나의 거울로 삼고 있다. 이렇듯, 나는 갑진년을 사생의 세계 속에서 충실히 살아냈다.

그래서 이제는 말할 수 있다. 나는 정말 열심히, 성실하게, 그리고 웃으며 한 해를 살아냈노라고. 그중에서도 멋진 글 친구를 이웃으로 만난 '다섯 손가락'은 내 인생 후반을 화려한 단풍으로 물들게 했다고.

다가오는 을사년에도, 내 사생의 세계는 계속될 것이다. 일체유심조의 마음으로 조금 더 여유롭게, 조금 더 즐겁게, 그리고 조금 더 다정하게 이웃들과 함께 아름답게 살아가고 싶다.

> "삶은 여러 세계를 오가며, 나를 다시 만나 완성되는 하나의 긴 여행이다."
>
> - 싱싱고 단상

3

삶의 동반자 두 개의 증(證)

며칠 전, 마음먹고 경찰서를 찾았다. 미뤄왔던 운전면허증 갱신 때문이다. 갱신 안내 문자를 받고도 차일피일 미루다 보니, 어느새 유효기간은 코앞. 사진 한 장과 건강검진 결과서를 들고 방문해 서류를 제출하니, 열흘 후에 찾으러 오란다. 이젠 갱신 기간이 5년이란 말에 잠시 허탈함과 동시에 묘한 뿌듯함이 밀려왔다. 이 '작은 카드' 하나가 내 삶에서 얼마나 큰 의미였던가.

문득 몇 주 전 시골 친구 집에 혼자 드라이브하던 기억이 떠올랐다. 봄 햇살이 반짝이는 논길, 앞 유리 너머로 흐르는 풍경을 감상하다가 불쑥 이런 생각이 들었다. '내 인생 후반기에 가장 고맙고 유용한 게 뭘까?'

그 답은 바로 '운전면허증'이다. 나를 원하는 곳으로 데려다주고, 삶의 자유를 선물해 준 이 조용한 동반자. 버스를 기다리지 않아도 되고, 짐을 한가득 실어도 되고, 마음 내킬 때 혼자만의 여행을 떠날 수도 있다. 이 작고 얇은 면허증이 얼마나 내 삶을 넓혀주었는지, 새삼 고맙고 대견하기까지 하다.

그리고 또 하나의 '증' 바로 '자격증' 나의 직업적 정체성을 지켜준 든든한 증명서다. 초등 교사 자격증 하나로 평생을 일했고, 아이들과 놀고 웃으며 교단에 섰다. 초등학교, 중학교, 고등학교, 대학교까지 십수 년을 공부하고, 첫 발령을 받고 시골 작은 학교 교단에서 시작한 교직 생활로 묵묵히 걸어온 세월이 이 한 장의 자격증에 고스란히 담겨 있다. 은퇴 후에도 사회봉사와 손주 교육에 쓰이는 내 경험과 지식은 여전히 이 자격증의 덕분이다.

이 두 개의 '증'은 단순한 종이 혹은 카드가 아니다. 하나는 자유의 문을 열어주었고, 하나는 나를 세우고 먹고살게 해 준 버팀목이었다. 내 인생의 전환점 중 하나였던 운전면허 도전기를 떠올려본다. 30대 초반, '자가용'이란 말은 그저 사장님들의 전유물 같던 시절이었다. 여성의 운전은 드물었고, 대중교통이 당연한 시절. 그런데 어느 날, 남자 동료가 운전면허증을 땄다며 자랑을 했다. 그 말이 내 안에 불을 붙였다. '그래, 나도 할 수 있어!'

곧장 자동차 학원에 등록했다. 생소한 이론도 너무나 흥미로웠고, 실기 연습은 두려웠지만, 신이 났다. 밤늦도록 공부하며 스스로 감탄했다. '내가 이렇게 재미있게 공부해 본 적이 있었나?' 기능 연습도, 도로 주행도 그저 신기하고 즐거웠다. 이번 달에 연습 삼아 운전면허시험 보자는 강사의 권유에 시험을 쳤고, 등록 후 3주 만에 1종 보통 합격!
"나 고백할 게 하나 있는데요!" *"뭔데?"* *"나 운전면허증 땄어요."*
남편보다 먼저 면허를 따자 그는 믿을 수 없다는 표정을 지었다. 그 모습이 아직도 웃음 짓게 한다. 그때 땄던 운전면허증이 지금까지도 나의

발이 되어주고 있다. 갱신할 때마다 시력이 걱정되고, 언젠가 운전대를 놓아야 할지도 모르지만, 지금까지 함께해 준 것이 그저 고맙다. 두 개의 증. 하나는 나를 움직이게 해 주었고, 하나는 나를 지탱하게 해주었다. 앞으로도 이 두 동반자와 함께, 가능한 한 오래, 자유롭고 당당하게 나의 길을 걸어가고 싶다.

"면허는 끝이 아니라 시작이다."

- 싱싱고 단상

4

내 인생 옷 두 벌,
결혼 조건 두 개

'결혼' 이 단어 앞에 서면 지금도 괜스레 미소가 지어진다. 이웃님의 글 '인생 옷 한 벌'이란 글을 읽고 문득 지금까지 보관해 오던 초임 시절 입었던 원피스와 신혼여행 때 입은 원피스를 꺼내 입어보며, 나의 결혼 조건이 떠올랐다. 그 시절, 스물일곱 살. 청춘의 한복판을 지나던 그 무렵, 주위에서는 자주 들려오던 말들. *"니 애인 있나?" "언제 결혼할라 카노?"* *"소개해 줄까?"*

요즘은 민감한 질문이라지만, 그땐 명절에 가족과 친인척들이 모이면, 으레 들리는 일상이었다. 친구들의 청첩장을 하나둘 받아들고, 들러리로 결혼식장을 다녀보며 '저런 사람은 내 스타일이 아니야' 속마음으로 나름 남자를 보는 눈이 조금씩 생긴듯했다. (2장 2.좋은 총각 어디 없어요? 살짝 중복됨)

어느 날 미용실에서 우연히 중학교 때 가르쳐주신 영어 선생님을 만났다. *"어머, 선생님! 안녕하세요?"* 반갑게 인사를 주고받고 나서 엉뚱한 질문 하나를 던졌다. *"선생님, 혹시 그 학교에 총각 선생님 있어요?"* 이제 생각하면 웃기지만, 그땐 꽤 진지했다. 선생님은 기다렸다는 듯 말씀하셨다. *"맞네, 니 생각을 왜 못 했노! 우리 학교 수학 가르치는 총각선생*

님 있다!"

수학이라?! 내가 제일 어려워했던 과목. 살짝 망설였지만, 소개를 받기로 했다. 그렇게 시작된 만남. 알고 보니 그 사람도 영어선생님의 제자였다고 했다. 몇 번의 만남으로 자연스럽게 호구조사가 이어졌다. 그 자리에서 나의 '결혼 조건' 두 가지가 나왔다.

조건 1. 맏이는 안 된다.

8남매 장남이셨던 우리 아버지. 그 무게와 책임, 그리고 어머니의 고단함을 보며 자란 나는 왠지 모르게 맏이보다는 여유 있는 둘째나 막내가 좋겠다고 생각했다. 넷째란다. 오케이!

조건 2. 충치 있나요?

몇 번 만나다가, 나는 진지하게 물었다. *"혹시 충치 있으세요?"* *"두 개 치료했는데, 왜요?"*

"아, 그냥요. 궁금해서요." *"그쪽은요?"* *"저는 32개 다 있어요!"* 지금까지도 충치 없이 잘 유지하고 있는데 왜 그렇게 묻고 대답했는지…. 지금 생각하면 엉뚱하기 그지없지만, 그 사람은 웃으며 받아줬다. 그렇게 우리는 결혼했다. 이야기를 이렇게 시작한 건, '인생 옷 한 벌' 그 '신혼여행 원피스' 때문이다. 그리고 또 한 벌. 내 인생의 또 다른 전환점이었던 교사 첫 발령 때 입었던 여름 원피스. 서문시장에서 고른 천, 양장점에서 직접 디자인해서 맞춘 그 옷. 첫 월급의 절반 가까운 돈을 썼지만, 그만큼 특별했다. 지금도 그때의 설렘이 옷깃에 남아있는 듯하다. 놀랍게도, 지금도 내 몸이 그 옷에 맞는다는 사실! 50여 년 세월을 견딘 내 몸도 대단하지만, 그 옷들을 품고 있는 기억은 더 대단하다.

퇴직하기 몇 년 전에, 제자와 함께 근무하게 된 일이 있었다. 어렴풋이 나를 기억하던 제자가 말했다. *"혹시 운동회 때 무용 가르쳐준 선생님 아니세요?"* 앨범을 뒤져보니, 신혼여행 때 입었던 그 원피스를 입고 찍은 사진이 있었다. 제자의 어린 모습도 찾아 봤다. 다음 날, 나는 그 옷을 입고 앨범까지 챙겨 출근했다. 교무실은 난리가 났다. *"세상에 아직도 입는다니!"* *"그 옷을 간직하고 있다니!"* *"여기서 제자를 다시 만나다니!"*

그 옷 두 벌은 내 인생의 갈림길에서 함께했던 시간의 동반자다. 하나는 직장인의 시작을, 하나는 결혼생활의 시작을 기억하게 한다. 버리기를 좋아하는 나인데도 이 두 벌만큼은 버릴 수 없었다. 그 옷에는 나의 젊음, 설렘, 사랑, 열정…. 모든 것이 고이 접혀있다. 결혼생활 47년. 서로를 알아가며, 싸우기도 웃기도 하며 여기까지 왔다. 서정주 시인의 '국화 옆에서' 시처럼, 먼 젊음의 뒤안길에서 거울 앞에 선 지금의 나는, 그 시절보다 더 따뜻하고 단단해 보인다.

> **"삶의 첫 출발은 옷으로 마음의 날개를 단다."**　　　　　**- 싱싱고 단상**

일흔, 지금 이 나이도 참 좋다

옷 두 벌 사진(좌: 신혼원피스, 우: 초임원피스)

5

옆구리 찔러 받은 칠순 선물

코로나19 팬데믹이 한창이던 2020년, 사회적 거리 두기라는 낯선 규칙이 사람들 사이에 투명한 벽을 세우던 때였다. 해마다 생일도 그냥 달력 위를 스쳐 지나갈 뿐이었지만, 이번 칠순은 그냥 지나갈 순 없지 않은가.

잔치를 벌이지 못하고 '그냥 올해는 넘어가자' 자신을 달래려 했지만, 속마음은 은근히 허전했다. 그런데 통장 알림음은 여전히 경쾌했다. 형제자매들이 보내준 축하금이 꽃잎처럼 차곡차곡 쌓였다. 주식 차트라면 분명히 상한가였을 것이다. '피는 물보다 진하다'라는 말을 이럴 때 새삼 깨달았다. 양가 형제가 많다는 사실이 통장 속 숫자로 증명되니, 세상 흐뭇한 일이 이보다 더 있을까.

문제는 집안의 가장 가까운 한 사람, 남편이었다. 평소에도 말수가 적은 편이지만, 이번만큼은 반짝이는 아이디어쯤 내놓길 살짝 기대했다. 두 해 전 그의 칠순에는 온 가족이 모여 축하를 했다. 의미 있는 시간을 보내고 흡족한 표정으로 "칠순 우리 하게 했다," 라는 남편의 말 한마디가 만족감을 표현한 듯했다. 속으로 '다행이네' 하며 맘을 내려놓는 순간 우

일흔, 지금 이 나이도 참 좋다

리 며느리 말이 "우리 하게 했다. 라는 말이 무슨 말이에요?" 경상도 말을 이해 못 한 며느리가 묻는다. 며느리로서 혹시 부족한 게 있었는지 내심 걱정했을 터. "멋있게 잘 했다는 말이다." 그 공로자 역시 나였으니까. 이제 나의 칠순 '옆구리를 슬쩍 찔러 볼까?' 하는 장난기가 스멀스멀 피어올랐다. 식탁 위로 김이 모락모락 오르는 미역국 냄새가 퍼질 무렵, 나는 가볍게 화살을 날렸다.

"당신, 내 칠순 때 뭐 해줄 거야?" 웃으며 농담처럼 던졌지만, 속으로는 촘촘히 그물망을 드리웠다. 남편은 젓가락을 멈추고 잠시 나를 바라보았다. 아무 말이 없고 고민하는 표정도 아니다. 나는 추가 질문을 곁들였다. "동생이 반지 해준다던데?" 슬쩍 떡밥을 띄워도 일언반구가 없다. "그건 아니지 않나요? 당신이 해줘야 내 자존심도 서죠." "얼만데?" "금반지 두 돈값." "알았다. 돈 보낼게." 그리곤 휴대폰을 꺼내 두 돈짜리 금반지 값을 이체했다.

사실 나는 평소 반지를 잘 하지 않는다. 손주들과 모래 놀이를 하다 보면 금세 흙투성이가 되기 일쑤라는 걸 알기 때문이다. 그래도 눈에 보이는 기념품 하나쯤은 꼭 필요했다. 훗날 '그해 코로나 때문에 칠순 잔치는 건너뛰었지만' 손가락에서 반짝이는 금빛이 증거물 노릇을 해줄 테니까. 마치 '긴 터널도 끝엔 빛이 있다'라는 투명한 진실처럼, 반지는 불확실한 시절에도 사랑이 여전히 유효함을 알려줬다.

우여곡절 끝에 받아 든 작은 반지 하나가 우리의 생활 방정식도 살짝 바꿨다. 그날 이후 우리 부부는 생일마다 현금 백만 원을 계좌 이체하기로 의기투합했다. 일 년에 한 번, 거꾸로 흐르는 용돈 같기도 하고, 서로를 위한 보너스 같기도 한 그 돈은 '고생 많았어, 앞으로도 잘 부탁해'라는 묶음 편지다. 자본의 힘을 빌린 애정 표현이라니 조금 속물 같아도, 생활 밀착형 로맨스란 원래 이렇게 현실적이지 않던가. 돈이 건네질 때마다 우리는 마주 보며 통장 잔고의 숫자만큼 투박하지만, 기분 좋은 의식이다.

팬데믹이 물러나고 거리의 마스크가 줄어든 지금, 반지는 여전히 처음 받은 날의 광택을 간직하고 있다. 백신 접종의 횟수도, 세월의 주름도 그 빛을 무디게 하진 못했다. 옆구리를 찔러 억지로 받아낸 선물일지라도, 그 안엔 내 요구를 존중해 준 남편의 마음과 함께 늙어가며 서로를 배려하려는 다짐이 고스란히 담겨 있다. 그리고 나는 깨달았다. 인생이라는 긴 여정에서 행복은 때로 '과감히 찔러 보기'라는 작은 용기에 달려 있다는 것을.

어쩌면 이 반지는 나와 남편의 이야기만이 아닌, 세대를 건너 이어질 기억의 씨앗일지도 모른다. 코로나, 칠순, 그리고 옆구리 찌르기로 완성된 한 편의 가족 드라마를 아이들이 미래에 웃으며 떠올릴 수 있으리라.

"인생의 한 획을 긋는 시점엔 이벤트가 필요해!"　　　- 싱싱고 단상

6

참 좋다, 지금 이 나이도

"그 나이가 되어야 그 나이를 이해한다." 이 말이 요즘 부쩍 마음에 와 닿는다. 60대 초반의 어느 평범한 아침, 라디오를 듣다가 흥미로운 설문 이야기에 귀가 솔깃했다. "여러분의 부모님이 몇 살까지 건강하게 사셨으면 좋겠나요?" 사회자의 물음에 나도 모르게 마음속으로 숫자를 그려 보았다. 그래도 80은 되어야 하지 않을까? 건강하게, 아무 탈 없이 살 수만 있다면 말이다.

그런데 이게 웬 말인가. 노래 한 곡이 끝나고 들려온 결과는 충격적이었다. '65세' 평균적으로 자녀들이 바라는 부모의 건강한 나이가 고작 65세라니! 라디오 사회자는 놀라움과 당혹감을 감추지 못하며 열을 올렸다. 그 역시 60대 초반. 나도 순간 마음속에 파문이 일었다. '65세라니! 이제 막 갓 넘긴 나이인데…' 우리 삶은 여전히 현재 진행형인데, 누군가에겐 벌써 마무리 시점이라니 나 역시 황당했다.

문득 교직 초임 시절이 떠올랐다. 그땐 여교사가 많지 않아 지역별로 '여교사회'가 있었다. 그 모임의 대표회장은 37세. 그 나이가 어찌나 듬직하고, 노련하고, 어른스럽게 느껴졌던지.

"○○○ 선생님, 이거 좀 맡아주세요." 그 한마디가 임금의 명령처럼 들렸고, 나는 고개를 끄덕이며 "네" 하고 답했다. 하지만 지금 돌아보면, 37세는 한창 젊고 생기 넘치는 시기였다. 그땐 20대였기에 30대 후반이 그렇게 멀고 높아 보였다. 하물며 부모님의 나이를, 자녀들이 제대로 상상이나 할 수 있을까. 65세라는 숫자 역시 그런 단순한 추측의 결과였을 터이다. 그래도 마음 한편, 괜히 서운했던 건 어쩔 수 없었다. '그럼 나는 이제…?' 하는 생각이 스치며 쓴웃음을 지었다. 내 삶을 찬찬히 돌아본다. 유년 시절은 부모님의 품 안에서 흘러갔고, 10대는 친구들과 놀기에 해가 지는 줄도 모르던 시절, 중학교 3학년까지 소꿉놀이를 하던 철없는 계집애였다. 입시와 대학 생활로 정신없던 20대, 청춘의 열기 속에 에너지 충만으로 빛나는 시기였다. 30~40대는 교직과 육아라는 이중과제를 안고, 가장 뜨겁고 치열하게 살았던 시기였다.

50대는 제1차 인생의 황금기였다. 자녀들은 제자리를 찾아가고, 나도 나를 찾기 시작했다. 유화, 민화, 댄스 등 하고 싶던 것을 마음껏 즐기며 나를 채워갔다.

그리고 60대. 부부 모두 은퇴하고, 자녀들은 짝을 찾아 가정을 꾸리고, 새로 태어난 손주들을 보며 또 다른 사랑을 배웠다. '두 불 자식이 더 귀엽다'라는 말이 진짜라는 걸 실감하며, 15년째 손주들과의 추억을 쌓고 있다.

이제 70대 중반. 제2의 인생 황금기다. 도서관은 나의 참새방앗간, 텔레비전은 가상의 무대처럼 '나는 자연인이다', '걸어서 세상 속으로' 같은 프로그램을 보며 카메라는 없지만, 내가 주인공이 된 것처럼 즐기곤 한다.

더 신나고 새로운 것은, 블로그에 글을 쓰며 다양한 이웃들과 소통하며 삶의 지혜를 나누는 지금, 이 순간이 얼마나 감사한지 모른다. 나는 〈싱싱고〉, 닉네임처럼 지금도 생생하고 활기차게 살아가는 한 사람이다.

80대, 90대는 아직 가보지 않은 길이지만, "*죽을 때까지 재미있게 살고 싶다.*"라는 말처럼 웃으며, 즐기며, 소풍 가듯 삶을 마무리할 수 있기를 바란다.

참 좋다, 지금 이 나이도. 바로 지금, 오늘, 이 삶이.

"나이는 숫자일 뿐, 진짜 나이는 마음이 정한다." **- 가브리엘 가르시아 마르케스**

7
인생은 미완성

문득 이 노래가 생각났다. *"인생은 미완성 쓰다가 마는 편지, 그래도 우리는 곱게 써가야 해"* 노랫말처럼 우리의 인생은 쓰다가 만 편지처럼 미완성으로 끝나듯 하다. 태어날 날은 알아도 죽는 날은 아무도 모른다는 말이 있듯이……

인생은 참 신기하다. 어릴 땐 시간이 느리게 가고, 바쁘게 살던 중년엔 늘 시간이 부족했고, 이제는 하루가 어찌나 빠른지 나이 속도대로 시간이 흐른다는 말이 실감 난다. 문득 창밖을 보니 계절이 바뀐 것이 보이기 시작한다.

어느 여름날, 우연히 국민건강보험공단 앞에 주차하게 되었다. 예전 친구들과 모임에서 〈사전연명의료의향서〉[19] 이야기를 나눴던 게 떠올랐다. 아직 생각도 안 해봤다는 친구, 이제 해볼까 고민하는 친구, 벌써 다

---

19 연명의료 결정제도란?
연명의료결정법(2018.2.4 시행)에 따라 임종 과정에 있는 환자의 의사를 존중하여, 치료의 효과 없이 생명만 연장하는 의학적 시술을 유보하거나, 중단할 수 있는 제도다.(★단, 연명의료 중단 등 결정 및 이행 시, 통증 완화를 위한 의료 행위와 영양분 공급, 물 공급, 산소의 단순 공급은 시행하지 않거나 중단되어서는 안 된다.)

일흔, 지금 이 나이도 참 좋다

해뒀다는 친구까지, 다들 은근히 두려워하면서도 피할 수 없는 이야기라는 걸 알고 있었다. 나도 문득 마음이 움직였다. 조금 떨리는 마음으로 공단 안으로 들어섰고, 직원분의 친절한 설명에 따라 등록을 마쳤다. 며칠 뒤, 우편함에 도착한 등록증 카드를 보며 왠지 모르게 마음이 단단해지는 기분이 들었다. 그래, 이제부터는 조금 더 자유롭고 가볍게 살아야겠다고 생각했다.

나이 들수록 몸은 예전 같지 않지만, 마음만은 더 여유로워지고 싶다. 꼭 해야 할 일보다, 하고 싶은 일을 더 많이 하고, 사람들에게 내가 먼저 웃어주고, 무언가를 소유하기보다는 베풀고 나누는 삶을 살고 싶다. 자식들에게 짐이 되고 싶은 부모는 아무도 없을 것이다. 자식 또한 오랜 병마에 시달리는 부모를 간병하기엔 자신의 삶도 벅찰 것이다.

언젠가 눈 감는 날, '조금 더 웃을 걸, 조금 더 참을 걸, 조금 더 베풀 걸.' 하는 후회는 없었으면 좋겠다. 하루하루를 건강하게, 지금, 이 순간을 감사하게, 내 곁에 있는 사람들과 따뜻하게 웃으며 보내는 것. 그게 내가 바라는 '잘 사는 삶'의 모습이다.

장자의 '빈 배' 이야기를 읽은 적 있다. 강을 건너다 빈 배가 부딪치면 아무도 화를 내지 않지만, 그 안에 사람이 있으면 우리는 쉽게 화를 내고, 상처 주고, 상처받는다. 스스로 부딪히고 넘어져도 아무도 없으면 그냥 아픔을 참고 자기 실수를 자책하며 조심하겠다는 마음을 먹겠지만, 곁에 누가 있으면 화를 내며 '왜 이런 걸 여기에 뒀나'라고 원망의 소리를 한다.

내 마음도 그런 빈 배처럼, 가볍고 비워진 상태로 흘러가면, 억지로 설명하지 않아도, 증명하지 않아도 그저 지금 이대로 괜찮다고 말할 수 있는 마음으로 살고 싶다. 아직도 미완성인 내 삶, 하지만 그래서 더 소중하다. 지금부터가 진짜 나다운 이야기로 채워갈 시간. 오늘이 선물인 것처럼 지금 이 순간, 인생 뭐 있어 좀 즐기면서 웃으며 살자. 〈사전연명의료의향서〉 누구에게나 다가오는 삶의 마지막, 당신이 생각하는 아름다운 마무리는 어떤 모습인가요?

> "죽음은 삶의 반대가 아니라 그 일부이다."　　　　-무라카미 하루키

〈삶이 익어가는 세월〉 오일캔버스 40F (100×81cm)

8

파크골프 데이트

파크골프는 내 나이 일흔을 넘어서 시작했다. 나이 들어서 남편하고 같이 할 만한 취미를 찾다가 이게 딱 좋겠다 싶어서 권유했는데, 남편은 그다지 내키지 않는 눈치였다.

"당신 먼저 해보시오. 나는 좀 더 늙으면 하겠소." 나름 골프를 오래 해 온 사람이라 파크골프는 좀 시시해 보였던 모양이다. 그래도 나는 *"같이 놀아주려고 하는 건데 왜 그래."* 하면서 설득했다. 나이 들수록 각자 노는 것도 좋지만, 부부가 함께 즐기는 시간도 정말 소중하니까.

얼마 후 파크골프채를 장만하고, 친하게 지내는 남편 친구 부부랑 우리 부부가 매월 첫 토요일마다 파크골프를 하기로 약속했다. 처음 나가던 날은 가을 하늘이 참 맑고 높았다. 그간 폭염 때문에 밖에 나가기도 겁났는데, 선선한 바람을 맞으면서 잔디밭 걸으니까 몸도 마음도 개운해지는 기분이었다. 파크골프는 일반 골프의 용어나 경기 방식이 비슷해서 남편처럼 숙련자가 치든, 나 같은 초보가 치든, 조금만 하면 금방 따라잡을 수 있다. 파크 골프는 공을 멀리 날리는 것이 아니라 잔디 위로 굴리듯 치는 방법이다. 남녀노소 누구나 쉽게 배울 수 있고, 파크골프채 한 개와 공 하나만 있으면 되니까 큰 가방도 필요 없다. 간편해서 정말 좋다.

처음 라운드 돌 때가 생각난다. 우선 초보는 연습장에서 기본자세와 공치는 매너를 약 30분 정도 교육받고 나서 실제로 필드에 올라갔다. 어릴 때 구슬치기하던 감각이 살아났는지 초보 주제에 홀컵에 공을 쏙 집어넣은 거다. 진짜 소 뒷걸음질 치다 쥐 잡는다는 게 이런 건가 싶었다. 공이 마치 "나 여기 숨었소." 하는 듯 주변의 함성에 더 놀랐다. 이게 바로 홀인원이란다. 골프용어도 하나씩 배우며 그때부터 재미가 생겨서 더 열심히 하게 됐다.

지금은 파크골프가 신중년들 사이에서 꽤 인기다. 지자체마다 파크골프장을 잘 만들어놓고, 주민들 건강 챙겨주려고 하니까 감사할 따름이다. 운동 삼아 하루 만보는 기본으로 걷고, 햇볕 쬐면서 비타민D도 듬뿍 만들고 나면 몸이 한결 가벼워진다. 무엇보다 부부가 같이 라운드를 돌며 대화하고 웃으니, 이게 꼭 데이트 나온 기분이다. 심신 건강에는 이만한 운동이 또 없다는 생각이 든다. 얼마 전에는 경기 중에 홀인원을 두 번이나 해서 기분 좋게 한턱 쐈다. 파크골프는 운동도 되지만 사람들과 어울리고 관계도 넓어지는 좋은 계기가 된다. 단순히 공치는 운동이 아니라 삶에 활력을 주는 취미라서 앞으로도 꾸준히 즐기고 싶다.

나이 들수록 더 절실하게 느낀다. 부부가 함께 즐길 수 있는 운동 하나쯤은 꼭 필요하다는 거. 요즘은 파크골프 덕분에 건강도 챙기고 웃을 일도 많아졌다. 앞으로도 더 많은 사람이 이 재미를 함께 나누면 좋겠다. 인생 뭐 별거 있나, 즐겁게 운동하고 웃으면서 살아야지.

파크골프 시작 후 일 년쯤 되었을 때, 우리 지역 농협 조합원들을 위한 첫 번째 파크골프 대회가 열렸다. 그동안 한 번도 경험하지 못한 대회라 설레기도 하고 조금은 긴장도 됐다. 대회장은 넓은 둔치 위에 자리 잡고 있었고, ABCD 총 36홀 규모의 파크골프장은 비행기 활주로처럼 탁 트여 끝이 아득해 보였다. 이렇게 큰 대회장은 나에게 낯설기만 했다. 같은 지역에 있음에도 나는 남편의 친구 부부와 함께 다니던 다른 파크골프장만 주로 이용했기 때문이다.

대회 참가 신청서를 내고 나니 기대 반 걱정 반 마음이 복잡했다. 이제 겨우 1년 정도밖에 안 된 초보 실력으로 이런 대회에 나간다는 건 어쩌면 무모한 도전일지도 모른다는 생각이 들었다. 딱 '무식이 용감하다.'는 말이 머릿속을 스쳐지나 갔지만, 용기를 내기로 했다.

드디어 대회 날이 찾아왔다. 긴장된 마음 때문인지 쌀쌀한 가을 아침 공기가 유난히 더 춥게 느껴졌다. 따뜻한 패딩 조끼를 껴입고 경기장으로 향했다. 등록을 마치고 경기 주의사항을 들은 뒤, 조별 4명씩 나뉘어 총 144명이 라운딩을 시작했다. 오전 9시 30분부터 오후 12시 30분까지 꼬박 3시간 동안 36홀을 돌았다. 처음에는 다들 힘차게 시작했지만, 끝자락에는 나뿐만 아니라 모두 지쳐서 느릿느릿 걸음을 옮겼다.

마침내 모든 경기가 끝나고 시상식이 열렸다. 홀인원상, 타수가 가장 적은 선수에게 주는 저타상, 단체상 등이 호명될 때마다 환호성과 박수가 터져 나왔다. 나는 그냥 즐겼다는 데 의미를 두자고 마음먹고 있었는데, 갑자기 내 이름이 들렸다. 순간 얼떨떨해서 동명이인이 있나 싶어 조심스레 앞으로 나갔더니, 정말 내 이름이 맞았다. 행운상에 당첨된 것이었다. 선물상자를 받는 순간 심장이 두근거렸고, 내 인생에도 이런 깜짝 행운이 찾아올 수 있다는 사실에 벅찼다.

시간이 조금 지났지만, 이 글을 쓰는 지금도 그때의 설렘과 뿌듯함이 고스란히 느껴진다. 그 이후 파크골프는 우리 지역 시니어들에 없어서는 안 될 소중한 스포츠로 자리 잡았다. 곳곳에 새로이 조성되는 파크골프장은 신중년들의 체력 증진과 정신 건강을 위해 큰 역할을 하고 있다. 나역시 앞으로도 꾸준히 즐기며, 또 다른 즐거운 추억을 만들어가고 싶다.

> "짧은 여생, 같은 취미로 부부 데이트를!"
> — 싱싱고 단상

일흔, 지금 이 나이도 참 좋다

9
삶을 한 줄씩 정리해 본다는 것

2025년 1월 19일 새벽, 하룻밤 사이 마음을 송두리째 흔든 책 한 권을 덮으며, 나는 조용히 흐느꼈다. 가슴 깊이 울컥거리는 감동이 파도처럼 밀려와 눈물이 옆얼굴을 타고 흘러내렸다. 언제 마지막으로 이렇게 울어보았던가. 기억조차 희미한 내 안의 감정이, 조용히 그러나 격하게 깨어났다.

내 인생에 이렇게 긴 얘기를 나눈 적 있는가? 물론 한 권의 책이지만, 작가 더블와이파파 님의 『마흔에 깨달은 인생의 후반전』은 단순한 자기계발서가 아니다. 마흔의 젊은이가 예순, 일흔의 어른들과 나눈 깊고도 따뜻한 이야기. 긴긴 겨울밤 화롯불 앞에 앉아, 엄마와 아들이 마주 앉아 엄마의 하소연을 묵묵히 들어주고, 아들의 꿈과 도전정신을 격려하며, 속 깊은 얘기를 밤새도록 나누듯, 조근조근 이어지는 글에 마음이 머문다.

"낙엽이 우수수 떨어질 때 겨울의 기나긴 밤 어머님하고 둘이 앉아……."

이 노래가 자연스레 떠오를 만큼, 책 속에는 그리운 옛정과 새로운 공감이 흐른다. 바쁘게 살아오느라 현실의 내 아이들과도 이렇게 긴 대화를 나눈 적이 없었는데, 한 권의 책이 그것을 가능하게 해주었다. 지난해 나의 블로그 생활도 돌아본다. '더블와이파파' 님, '다섯 손가락' 글 친구 님들과 함께 주고받은 글의 향연이 나에겐 따뜻한 등불이었다. 특히 디지털 기기에 익숙하지 않은 신중년들을 위해 더블와이파파 님이 시작한 블로그 강의는, 배움의 장을 넘어선 삶의 공유 공간이었다.

우리는 서로 다른 다섯 손가락이지만, 한 손안에서 함께 할 수 있다는 믿음으로 모였다. 줌으로 시작된 강의는 어느새 '다손마을'이라는 이름 아래 서로를 응원하고 축하하며, 때론 삶의 무게를 나누는 공동체로 자라났다.

작가님은 글에서도, 실제에서도 늘 '등 긁어주는' 존재였다. 남몰래 지닌 고민과 삶의 곡선을 감싸 안아주는 너른 품. 이번 책에는 그런 작가님의 진심이 오롯이 담겨 있다.

책을 통해 마흔은 예순의 삶을 배우고, 예순은 마흔의 가능성에 감탄하며 서로 다름을 넘어 공감하는 법을 배운다. 단순한 세대의 대화가 아닌, 사람과 사람 사이 깊은 이해의 통로가 열린다. 책을 기다리던 이웃님들이 보내온 인증샷을 한 장 한 장 모아 조각보처럼 이어붙인 작가님의 섬세한 손길, 그 따뜻함은 책장 너머로도 전해진다.

지금도 여전히 나는 블로그 세상을 탐험 중이다. 초등 교직을 은퇴한 후, 사회봉사와 손주 양육이라는 새로운 삶의 여정을 걸으며, 내 삶의 페이지를 차곡차곡 써 내려가고 있다. '일체유심조(一切唯心造), 내 마음이 곧 내 세계를 만든다.'를 마음에 새기며 오늘도 나는 지금 이 순간을 살아 낸다.

> "마음이 만드는 삶, 매일 한 줄 쪽지로도 충분하다."
> — 싱싱고 단상

10

사음절 타령으로 글을 쓰는 이유

작년 가을, 첫 서늘한 바람이 옷깃을 스칠 즈음이었다. 나는 문득 간절기의 옷이 마땅치 않아 옷장 문을 열어보고 한숨을 쉬며 사계절과 간절기마다 우리 여자들이 고민해야 하는지, 하는 마음으로 블로그에 네 글자, 사음절 리듬을 얹었다.

〈옷 타령 들어보소〉
처음 올린 그 한 줄이 도화선이 될 줄은 나도 몰랐다. 블로그 이웃님이 *"이거 재미나는데?"* 하며 챌린지를 선언했고, 댓글로 이웃들을 차례차례 지목하자 순식간에 불이 붙었다. 온 블로그 마을이 사음절 들썩임에 빠져든 것이다.

'사음절 챌린지'가 본격화되자 처음엔 다들 난감해했다. 네 글자에 자기 이야기를 다 담으라니, 이게 말처럼 쉽나. 그런데 한두 번 입에 굴려보니 *"덩실덩실"*, *"흥이 난다."* 같은 말맛이 리듬을 탔다. 누군가는 평소 경제 이야기를 다른 이는 커피 이야기를, 각자의 삶의 모습을 사음절로 놀듯이 글을 올렸다. 댓글도 예외가 아니었다.

일흔, 지금 이 나이도 참 좋다

"멋지십니다!" "완전 대박요!" 옷 타령 읽다가 밥알이 튀어나올 뻔했다는 이웃님도 계셨다. 서로를 향한 응원과 장난이 네 박자 북소리처럼 이어졌다.

나만의 의도도 있었다. 빡빡한 현실에서 잠깐이라도 어깨춤 추게 해드리고 싶었다. 글이라는 것이 묵직한 시대의 체중을 조금은 내려놓게 할 수도 있지 않은가. '사음절 타령'은 제목만 경쾌한 게 아니라 쓰는 나까지 리드미컬하게 흔들어 놓았다. 글감이 잘 안 풀릴 때면 먼저 네 글자 훑듯이 짧은 후렴을 뱉어 보았다. *"대박이네 대박이야."* 같은 워밍업이다. 그러면 문장 전체가 춤을 추듯 움직였다.

서른 편쯤 쌓이고 나니 이웃들이 나를 '사음절 고수'라 부르기 시작했다. 스스로도 놀랐다. 어느새 '싱싱고'라는 닉네임과 '타령 글'이 하나의 브랜드처럼 엮여 있었다.

흥미로운 건, 우리 민족이 가진 '흥 DNA'가 네 글자 안에서 유감없이 분출되었다는 점이다. 판소리나 민요, 놀이 가락이 모두 4·4조 리듬을 품고 있으니 사음절은 익숙한 고향 말투였다. 그러니 어쩌면 우리는 오래전부터 이 도전을 준비하고 있었는지도 모른다.

물론 쉽지만은 않았다. 전하고 싶은 감정이 복잡할 때는 네 글자 그물망이 금세 팽팽해졌다. 하지만 그때마다 나는 본문에서는 길게 서술하되, 핵심 감정은 사음절로 압축했다. 읽는 이들은 그 짧은 리듬을 따라가며 긴 이야기를 숨 쉬듯 받아들였다.

돌이켜보면, 사음절 타령은 '스타일'이자 '쉼표'였다. 하루를 팽팽히 살아낸 뒤 블로그 마당에 들어와 "타령 한번 들어보소"라고 적는 순간, 내 마음부터 토닥여졌다. 덕분에 현실의 노고를 조금씩 덜어내며, 나 역시 글 속에서 덩실덩실 놀았다. 네 글자는 짧지만, 그 안에 담긴 공감과 위로는 넉넉했다.

앞으로도 나는 이 리듬을 놓지 못할 것 같다. 사계절이 바뀌어도, 인생의 굴곡이 찾아와도, 따 당 얼~쑤 이 한마디면 다시 흥이 살아난다. 사음절이 만든 작은 축제가 내 삶의 무대 위에서 계속될 것이다. "얼싸얼싸" 네 글자 주문을 외우며, 나는 또다시 키보드를 덩실덩실 두드린다.

> "노래는 마음의 해방구, 힘든 하루에도 작은 리듬에 마음은 가볍게 춤출 수 있다."
>
> - 싱싱고 단상

일흔, 지금 이 나이도 참 좋다

싱싱고의 인생 타령

7장: 사생(四生) 타령

동지팥죽 먹고나니 또한해를 보내구나
24절기 마지막인 동지섣달 긴긴밤은
현실세계 시간이네 현실세계 살펴자면
눈을뜨면 하루일과 먹고사는 주요활동
삼시세끼 준비하고 자녀양육 교육활동
경제활동 사회활동 배움좋아 취미활동
톱니바퀴 돌아가듯 쉴수없는 활동이네

뭐니뭐니 제일먼저 지켜야할 건강활동
자기건강 자기책임 내건강은 내가지켜
가족부담 안줘야지 생로병사 희로애락
삶의과정 힘들지만 피할수가 없다면야
즐기면서 살아보세

독서 세계 살펴자면 누구에나 공평시간
하루24 시간활용 무엇으로 활용할지
일찍눈뜸 시간벌어 독서 세계 빠져보니
이것정말 다른세계 온갖장르 다양하니
내발까딱 안하고도 전세계를 여행하며
저자의눈 생각따라 세상얘기 다읽으며
지식총합 다채롭네

268

블생세계 살피자면 다독다강 하다보니
내맘표현 하고싶어 블로그를 두드렸네
내글내가 쓰는것이 나의서사 진술함에
공감댓글 주고받고 글토크로 의사소통
이거이거 재미있네 오프라인 맞대면은
현실세계 소통이오 온라인의 글친구님
글올려서 소통하니 블생세계 좋은인연
유익정보 주고받고 자기계발 자아실현
삶의지혜 나눠주니 감사할일 너무많아
아름다운 불생세계 무릉도원 여기라네

꿈세계를 살피자면 우리신체 적정휴식
하루일과 삼분의일 수면으로 재정비를
꿀잠자고 일어나면 다음날을 활기차게
현실세계 살아가죠 꿈세계도 다양하여
무의식과 잠재의식 잠잘때에 일어난일
불가사의 꿈해몽은 정신분석 전문해석
내가나를 모르는데 나를해석 해몽하네

예지몽이 나를깨워 곰곰생각 무슨일이
길몽악몽 개꿈처럼 편안하게 생각하고
꿈세계는 현실세계 반대성향 있다하니
일희일비 하지말고 현실세계 충실하소~ 얼쑤

천천히, 마음으로 그려보는
나의 어제와 내일

논두렁이 푸른 물결로 일렁이던 마을, 그 속을 종종걸음으로 걷던 다섯 살짜리 내가 있습니다. 엄마 치마꼬리를 잡고 사달라고 조르기도 하고, 학예회 무대에 올라 노래하고 춤추던 아이. 그 아이를 사랑으로 품어주던 부모님의 따뜻한 눈빛과 항상 그 자리에 서있던 학교 마당 은행나무 두 그루가 지금도 내 마음을 든든히 받쳐 줍니다.

"선생님이 될 거야!" 다짐하던 그 가을을 지나, 교단 앞에 서서 아이들과 눈 맞추고, 무거운 책가방보다 더 큰 꿈을 건네주던 날들이 있었습니다. 육아의 고단함 속에서도 새 생명이 자라나는 경이로움에 삶의 환희를 느끼며, 아이들이 떠난 교실과 손주들이 우당탕 뛰노는 거실 사이에서 나는 또 다른 나를 만났습니다.

텃밭에선 상추가 올라오고, 고추가 붉게 익어 갑니다. 계절 따라 변하는 푸성귀처럼 나도 저마다의 철을 맞아 익어갔습니다. 때론 태풍 같은 사건에 쓰러질 듯 고개 숙였지만, 햇살 한 줌에도 다시 일어나 단단해졌지요. 그래서 이제는 말할 수 있습니다. *"역경이 경력이다. 덕분에 오늘*

*의 내가 더 맛있게 익었다."*라고

블로그에 타령조로 글을 올리면 *"이 글 덕분에 오늘도 웃고 갑니다!"*라는 이웃님들의 댓글이 주렁주렁 달립니다. *"타령 한번 들어보소~ 따당 얼~쑤!"* 그 한 마디가 얼마나 큰 힘이 되는지 모릅니다. 글 속엔 웃음도, 눈물도, 잔소리도 조금, 그리고 사금파리 같은 철학도 얹혀 있습니다. 그게 바로 '내 이야기' 어쩌면 우리 모두의 이야기 아닐까요?

일체유심조(一切唯心造). 모든 것은 마음먹기에 달렸다고 합니다. 어제는 실수투성이였어도 괜찮고, 오늘은 조금 게을러도 괜찮습니다. 마음만은 늘 유쾌하고 단단하게, 내 삶이라는 도화지에 내가 원하는 빛깔을 마음껏 칠해나가면 됩니다. 나이요? 숫자에 불과합니다. 내 안에 춤추는 영혼 하나 살아있다면 우리는 여전히 청춘입니다.

이제, 책 한 권을 묶어 내며 조용히 속삭입니다. *"참 좋다, 지금 이 나이도."*

그 나이가 그 나이를 이해한다고 합니다. 그리고 당신에게도 전하고 싶습니다. 인생 뭐 있소? 재미나게, 즐겁게, 지금 여기서부터 다시 시작하면 됩니다. 살다 보니 아주 보통의 하루가 얼마나 축복받은 하루인지, 그 단순함이 삶을 빛내 주는 가장 귀한 철학을 이제야 느끼고 있습니다.

살아온 날들이 부끄럽지 않기에, 아직 만나지 못한 내일을 향해 천천히, 그러나 당당히 걸어가려 합니다. 완성과 끝맺음이 아니라, 또 한 번의 설렘으로. 선물 같은 오늘을 맞이합니다.